溫哥華

深度之旅

附：溫哥華都會區·維多利亞市

作者 / 海馬老爸

猶如香醇葡萄紅酒的迷人氣息，
細細品味讓人不得不深深上癮。

如果要以酒的種類來比喻城市，根據我多年旅行的經驗，大概可以這樣類比：

紐約是色彩鮮豔、口味奇幻多變的雞尾調酒；巴黎是 Kahlua，濃郁的咖啡甜味迷炫你的感官；看似一本正經但容易酒後亂性的日本清酒絕對是有禮沒體的東京。

溫哥華呢？葡萄紅酒是不二人選。

酒瓶的造型流線，優雅一如這個有山海相伴的水岸城市；石榴酒色晶透，便似花園城市四季的錦繡。開瓶酒液注入玻璃杯，且慢立飲！等候是必要的；和溫哥華初遇的驚豔需要沉澱。醒酒後的溫哥華方顯滋味——春櫻夏日秋楓冬雪的四季轉換，猶如帶著泥土、莓果、薰木、香草醇厚的酒香誘惑著你的感官。等到酒液入口，溫市萬千變化的各國美食、開放的西方與沉穩的東方人文交錯浸潤著你的味蕾和神經，你只能飄飄然，只能心情愉悅，只能愛上這感覺。

更棒的是沒有宿醉的問題。每次

離開溫哥華，還在飛機上的我竟然開始想念那裡的好山好水，涼爽的氣溫、空氣清淨機 24 小時運作般的鮮淨空氣。

溫哥華是個強迫我更懂得生活的城市。陪伴兒子參與各式體育活動時，身為老爸的我不得不穿起厚外

來自台灣，居住於溫哥華。原為跨國企業的高階主管，移民後單身赴任在溫哥華照顧兩個兒子。與大自然界裡的海中生物公海馬一樣，一肩挑起兒女養育、生活與學業大小事，因此自稱為「海馬老爸」。

走進加拿大多元文化的世界，發掘好山好水之外的生活美好，海馬老爸以在地人的視角在網路上分享了溫哥華的旅遊心得、文化活動、料理美食。許多海馬老爸的私房景點，甚至是居住了二、三十年的老溫哥華人也不知道的。

除了經營自己的部落格、臉書粉絲頁，海馬老爸是遠見雜誌的網路駐站作者，旅遊、食記等文章不定期刊登於東森新聞雲，以及溫哥華的報章雜誌和網路媒體。

套，在溜冰場邊或滑雪道上和小孩一起學習冰上競速或雪地中仆街。種種文化活動四季間流水席般地上場，自然而然就知道了印度人的慶典有多慷慨或是希臘人的甜食有多膩口。

更多時候，我在風格獨特的咖啡館品嘗在地烘焙的咖啡、在昏暗的小劇場觀賞各地走唱的音樂藝人，或是揹著相機在山巔水邊城市古蹟旁捕捉浮光掠影……溫哥華迷人的氣息已讓我深深上癮。

感謝太雅出版社的總編輯、主編焙宜、以及責任編輯律婷，近一年來隔著太平洋 15 小時時差的往來溝通，讓這本書得以面世。希望透過這本書，讓對溫哥華有憧憬的、或想再次造訪溫哥華的朋友們都能品得溫市真滋味，酒香久久不散。

如果你想對溫哥華或是海馬老爸更進一步了解，在這裡可以找到他：
部落格：溫市笑應 myvanlife.com
臉書粉絲頁：海馬老爸的溫哥華日記
IG：seahorsedad
寫信給海馬老爸：
 seahorsedad@outlook.com

編輯室提醒

出發前，請記得利用書上提供的 Data 再一次確認

每一個城市都是有生命的，會隨著時間不斷成長，「改變」於是成為不可避免的常態，雖然本書的作者與編輯已經盡力，讓書中呈現最新最完整的資訊，但是，我們仍要提醒本書的讀者，必要的時候，請多利用書中的電話，再次確認相關訊息。

資訊不代表對服務品質的背書

本書作者所提供的飯店、餐廳、商店等等資訊，是作者個人經歷或採訪獲得的資訊，本書作者盡力介紹有特色與價值的旅遊資訊，但是過去有讀者因為店家或機構服務 態度不佳，而產生對作者的誤解。敝社申明，「服務」是一種「人為」，作者無法為所有服務生或任何機構的職員背書他們的品行，甚或是費用與服務內容也會隨時間調動，所以，因時因地因人，可能會與作者的體會不同，這也是旅行的特質。

新版與舊版

太雅旅遊書中銷售穩定的書籍，會不斷再版，並利用再版時做修訂工作。通常修訂時，還會新增餐廳、店家，重新製作專題，所以舊版的經典之作，可能會縮小版面，或是僅以情報簡短附錄。不論我們作何改變，一定考量讀者的利益。

票價震盪現象

越受歡迎的觀光城市，參觀門票和交通票券的價格，越容易調漲，但是調幅不大 (例如倫敦)，若出現跟書中的價格有微小差距，請以平常心接受。

謝謝眾多讀者的來信

過去太雅旅遊書，透過非常多讀者的來信，得知更多的資訊，甚至幫忙修訂，非常感謝你們幫忙的熱心與愛 好旅遊的熱情。歡迎讀者將你所知道的變動後訊息，善用我們提供的「線上回函」或是直接寫信來 taiya@morningstar.com.tw，讓華文旅遊者在世界成為彼此的幫助。

太雅旅行作家俱樂部

世界主題之旅 097

溫哥華深度之旅
(附:溫哥華都會區·維多利亞市)

作　者	海馬老爸	

總 編 輯	張芳玲
發想企劃	taiya旅遊研究室
編輯室主任	張焙宜
企劃編輯	張焙宜
主責編輯	邱律婷
修訂主編	黃　琦
修訂編輯	劉怡靜
封面設計	賴維明
美術設計	蔣文欣
地圖繪製	蔣文欣
修訂美編	賴維明

國家圖書館出版品預行編目(CIP)資料

溫哥華深度之旅(附:溫哥華都會區.維多利亞市) /
海馬老爸作. -- 三版. -- 臺北市 : 太雅, 2020.01
　　面；　公分. -- (世界主題之旅；97)
　　ISBN 978-986-336-360-6(平裝)

1.旅遊 2.加拿大

753.9　　　　　　　　　108017855

太雅出版社
TEL：(02)2882-0755　FAX：(02)2882-1500
E-mail：taiya@morningstar.com.tw
郵政信箱：台北市郵政53-1291號信箱
太雅網址：http://taiya.morningstar.com.tw
購書網址：http://www.morningstar.com.tw
讀者專線：(04)2359-5819 分機230

出 版 者　太雅出版有限公司
　　　　　台北市11167劍潭路13號2樓
　　　　　行政院新聞局局版台業字第五○○四號

總 經 銷　知己圖書股份有限公司
　　　　　台北：台北市106辛亥路一段30號9樓
　　　　　TEL：(02)2367-2044 / 2367-2047　FAX：(02)2363-5741
　　　　　台中：台中市407工業30路1號
　　　　　TEL：(04)2359-5819 FAX：(04)2359-5493
　　　　　E-mail：service@morningstar.com.tw
　　　　　網路書店：http://www.morningstar.com.tw
　　　　　郵政劃撥：15060393 (知己圖書股份有限公司)

法律顧問　陳思成律師

印　　刷　上好印刷股份有限公司　TEL：(04)2315-0280
裝　　訂　大和精緻製訂股份有限公司　TEL：(04)2311-0221

三　　版　西元2020年01月10日
定　　價　360元
(本書如有破損或缺頁，退換書請寄至：台中市工業30路1號 太雅出版倉儲部收)

ISBN 978-986-336-360-6
Published by TAIYA Publishing Co.,Ltd.
Printed in Taiwan

目錄
★★★

002 作者序、關於作者
004 編輯室提醒
008 如何使用本書

010 城市印象
010　全球最適合居住的城市
012　溫哥華的四大特質
014　到溫哥華必做的 10 件事
018　溫哥華重要慶典活動

022 四季限定
春季
024　在粉紅色街道漫步
027　季節限定極品斑點蝦
夏季
029　野地露營趣
032　沙灘上享受盛夏豔陽
036　溫哥華國際煙火節
秋季
038　捕獲秋蟹趣
040　遊走楓情城市
043　體驗農家樂
冬季
046　璀璨過聖誕
050　冰上初體驗

052 文化慶典
054　聲勢浩大義大利日
056　眾神齊聚希臘日
058　穿和服體驗茶道
060　歡慶印度新年

062 美食饗宴

064 溫哥華美食節
066 漫步咖啡之都
069 街頭行動餐車
071 絕美景觀餐廳
074 市場平民美食
076 精釀啤酒文化巡禮

080 分區導覽

082 市中心／煤港
096 西尾區
102 煤氣鎮
110 唐人街
118 耶魯鎮
126 史丹利公園
132 格蘭佛島
140 費爾幽／南格蘭佛街區
152 基斯藍諾區
160 UBC 英屬哥倫比亞大學
168 緬街
174 維多利亞市
182 北岸都市
190 本那比
196 列治文

204 近郊旅行

史夸密須
206 登海天纜車，笑看豪灣與酋長岩
菲沙河谷
207 雪山下的鬱金香看花海
208 百萬條紅鮭魚大洄游的自然奇景
210 飄著蔓越莓香的蘭里堡

212 行程規畫

212 深度體驗 4 日行程
214 開車自駕遊 VS. 參加旅行團

216 旅遊黃頁簿

216 基本生活資訊
218 消費購物
219 航空交通
221 旅遊實用資訊

MAP 索引
前封 溫哥華地鐵地圖
010 溫哥華都會區地圖
081 溫哥華市分區地圖
083 市中心／煤港地圖
097 西尾區地圖
103 煤氣鎮地圖
111 唐人街地圖
119 耶魯鎮地圖
127 史丹利公園地圖
133 格蘭佛島地圖
141 費爾幽／南格蘭佛街區地圖
146 伊莉莎白女王公園地圖
153 基斯藍諾區地圖
161 UBC 英屬哥倫比亞大學地圖
169 緬街地圖
175 維多利亞市地圖
183 北岸都市地圖
191 本那比地圖
197 列治文地圖
198 列治文：黃金城市地圖
198 列治文：史捏夫斯頓地圖

如何使用本書
How to use this book

　　本書希望讓讀者能在行前充分的準備，了解當地的生活文化、基本資訊，以及自行規畫行程，探索每個景點、品嘗每樣道地美食、體驗在地的異國節慶，擁有一趟最深度、最優質、最精采的自助旅行。

文化節慶
義大利日、希臘日、日本文化節、印度光明節，精采又多元的異國文化，等你來體驗。

四季限定
透過春、夏、秋、冬四季的美景圖片、季節體驗等介紹，全面勾勒出當地的面貌，搶先一睹溫哥華的風采。

美食饗宴
盛大的美食節、另類咖啡館、行動餐車、景觀餐廳，推薦給你大膽體驗各具特色的溫式美食。

溫哥華分區導覽

交通對策
在每個分區一開始就先告訴你，如何從其他地方前往該區

分區街道地圖
該區景點、餐廳、百貨購物位置全標示在地圖上。

玩樂小撇步
作者的玩樂提示、行程叮嚀，宛如貼身導遊。

旅遊資訊Tips
內行人的實用資訊，全在框框內。

Data資訊
提供詳盡的網址、地址、營業時間、門票、交通指引等資訊。

旅行玩家知識站
當地景點、特色文化的歷史背景或由來，讓你玩得更深入。

全球最適合居住的城市

這是我回台灣時,和朋友間最常發生的對話:

「聽說你移民到溫哥華去了?你住在溫哥華的哪裡啊?」

「我不住溫哥華。是住在比較靠近內陸的本那比。」

「喔,本那比區是嗎?我看到新聞說王祖賢出現在列治文區的漁人碼頭。你們溫哥華市好大啊!」

我總有個衝動想翻出地圖來告訴朋友,不論本那比 (Burnaby) 或是列治文 (Richmond) 都是城市名稱,行政劃分上不屬於溫哥華市。真正的溫哥華市只有 115 平方公里大,約莫是士林區加上北投區的大小。雖然各色人種齊聚,人口卻只有 60 萬人,還不到台北市 270 萬人的四分之一。

這樣迷你的溫哥華市,是不是出乎你的意料之外?

West Vancouver
西溫哥華

North Vancouver
北溫哥華

Port Moody
滿地寶

Coquitlam
高貴林

Pitt Meadows
匹特草原

Maple Ridge
楓樹嶺

UBC
卑詩大學

Vancouver
溫哥華市

Burnaby
本那比

Port Coquitlam
高貴林港

New Westminster
新西敏市

Richmond
列治文

Fort Langley
蘭里堡

Surrey
素里

Canada
加拿大

Delta
三角洲

Langley
蘭里

溫哥華都會區地圖

United States 美國

White Rock
白石

美加國界

加拿大第三大的都會區

其實廣義的溫哥華指的是「溫哥華都會區」(Metro Vancouver)，是卑詩省低陸平原一個區域單位，包含了溫哥華市在內的大都會區。溫哥華都會區是全加拿大第三大都會區，僅次於東岸的多倫多和蒙特婁都會區。本區內共有 21 個市鎮，大部分是都會城市，有的是海島、鄉鎮或是海灣等地理型態，不一而足。

溫哥華市坐落在布洛德半島西部，西向喬治亞海峽，南臨菲沙河北支流，北面則緊依布洛德內灣和英吉利海灣，是加拿大西岸最大的港口。人口雖然只有 60 萬，卻已是溫哥華都會區裡的領頭羊，鄰近城市為北岸城市 (西溫哥華區、北溫哥華市)、以及人口數名列第二、三的列治文市和本那比市。

橫跨布洛德內海，連接溫哥華市和北岸城市的獅門橋

黃柏山滑雪場的奧運五環和原住民雕塑

市中心雖不大，但生活機能俱佳

有人說：溫哥華市真的好小，只有史丹利公園和市中心(Downtown)，一天就逛完了，其實不然。史丹利公園的確是溫哥華市最大的綠肺，溫哥華市中心卻只是本市的商業中心 (Commercial District)。真正的溫哥華市，是小義大利區 (Commercial Drive) 的披薩和咖啡飄香；是福溪 (False Creek) 上鑼鼓震天的龍舟競賽；是格蘭佛島 (Granville Island) 上街頭藝人自彈自唱的琴聲悠揚；更是基斯蘭諾海灘 (Kitsilano Beach) 上沙灘排球比賽裡，打赤膊男子跳起殺球的瞬間，以及更多平靜中藏著驚喜的生活區域。

溫哥華市不大，但是已經夠大到讓溫哥華人們 (Vancouverite) 優游並自豪地生活，也夠好到連續好幾年被票選為「全世界最適合人類居住的城市」。

歡迎來到好山、好水、好好玩的溫哥華！

溫哥華的四大特質

如果溫哥華不是城市而是個人，你認為他會有怎樣的人格特質？以下是溫哥華人自認為留在血液中的DNA，也是國外媒體眼中溫哥華的特色。

尊重各種族的文化

走在溫哥華街頭，或是在市中心的辦公大樓裡，各種膚色人種是你最難忽略的現象。這個以移民為主的城市，各種族裔和平相處，南腔北調的英語毫不妨礙人與人之間的溝通。和有「民族大熔爐」的美國不同之處在於：加拿大少了種族間的歧視，多了份對各族裔原有文化的尊重。英語或是法語在學校是被規範的2種官方語言，一旦下課放學後，學校鼓勵學童和家人以原母語溝通；各種文化節在溫哥華更是年度大活動，不管膚色紅白黃黑，只要是客人，都得盡興而回。

抱持開放、前衛的觀念

加拿大人對許多爭議性高的議題接收度極高，深具包容力。同性婚姻法案已被美國聯邦政府通過，但

人口以移民為主的溫哥華，各種族群互相尊重，和平共處

兩性平權和同性婚姻早就是加拿大人的基因

溫哥華人熱情開放，不吝表達自己的感受

溫哥華對於管制大麻的觀念十分前衛開放

溫哥華人熱愛騎自行車，四處有單車專用道

加拿大早在 2005 年就通過同性婚姻的合法化。被亞洲國家視為三級毒品的大麻，在北美並不是過街喊打的老鼠，溫哥華都會區幾位市長抱持正面管理的態度，支持有限度的大麻合法化；民間每年 4 月 20 日的大麻日是市內最大活動之一。裸體示人有傷風俗，在知名的裸體海灘上與眾人袒裎相見，或是跨上腳踏車參加裸體單車日的活動，溫哥華人可是一點也不扭捏。

天生熱愛運動

有得天獨厚的好山好水，溫哥華人果然不負老天給的重禮。城市裡健身房林立；各個社區活動中心開出的運動課程多達數十種。冰上曲棍球是國家運動，只要參與就可以抬頭挺胸；孩童被鼓勵從事各式各樣的體育項目，投入之深，有時連父母想攔都攔不住。戶外活動更不用說，夏季天黑得晚，晚上 9 點街上騎車競速、流汗跑步者大有人在。夏季的水上活動之熱絡，從路上一部部汽車車頂扛著小艇可以看得出來。冬季裡只要經過任何一個滑雪場，數千個停車位的停車場一位難尋。熱愛運動的特質出自於天性，難怪在溫哥華挺肚橫腰的胖子並不常見。

節能減碳，重視環保

溫哥華人的環保不是嘴上說說而已。民間惜物、購買二手物品的習慣普遍，二手店 (Thrift Store) 林立，生意極佳。數個環保團，例如 Green Peace 就是在溫哥華成立幾番蛻變壯大。為了減碳節能，市政府在城市裡規畫許多自行車道，數量多到讓開車的用路人頗有微言，但市民果真充分利用自行車道，每天騎單車上下班的人不在少數。市政府鼓勵民間多採用綠色建築概念築屋，官方幾棟大型的綠能建築，如加拿大廣場上的貿易展覽館二館、以及溫哥華市立圖書館總館，是政府帶頭表率的代表作。

你喜歡擁有這 4 項特質的大城溫哥華嗎？

溫哥華市中心的貿易展覽館二館，是指標性的綠能建築

到 Thrift Store 捐舊物、買舊物是溫哥華人節儉的消費習慣

到溫哥華必做的 10 件事

VANCOUVER
Impression
of the city

1 史丹利公園環島海邊步道

白皚皚的群山、壯闊的海洋、蓊鬱的森林和高樓群聚的城市天際線，這 4 個元素讓這條 8.8 公里的海邊步道奢華無比。作為全世界最大的都市公園，位於四面環海半島上的史丹利公園，一天中任何時刻前來都是不同的風景，有時水霧瀰漫，有時烈日無雲；獅門橋高高橫跨布洛德內灣，前往阿拉斯加的郵輪汽笛遠遠傳來，海上清風拂上臉頰。世界上還有什麼散步路線讓你的感官享受如此多重？

2 格蘭佛島看藝術吃海鮮

在格蘭佛島上，你絕對可以耗上一整天。島上藝術大學衍生來的工作室、藝廊、禮品店之多猶如一家藝品百貨公司。喜好杯中物的人最高興看到微型啤酒和威士忌釀酒廠，

老饕們儘管品嘗太平洋西海岸的海鮮料理。公眾市場裡五花八門的攤位是豐衣足食最好的註腳，草莓堆疊的金字塔、各種口味的起司陳列一如閱兵；屠夫把鮮紅的豬肉切成形狀、大小一致，有如藝術品，彷彿藝術品。隔著福溪觀賞對岸溫哥華的高樓帷幕都市河景還不過癮，不妨跳上往來溪上的小船，成為別人眼中風景的一部分；或是買張船票，搭乘遊艇夜遊內海，在船上來頓落日晚餐後在城市燈火上岸。

3 春天迎接綻放的滿城櫻花

春暖花開的季節，全溫哥華5萬多棵櫻花、李花輪流綻放，把溫市鬧得滿城繽紛。雖然溫哥華最早的櫻花始於日本政府的相贈，但在西方人的手中櫻花呈現出不同的風貌，不同於東瀛尊貴中帶著淒豔的風采，溫哥華的櫻花顯得親民許多。在公園邊、車站旁、甚至是私人庭院裡，滿樹奔放的花朵既可遠觀亦可褻玩。

West 1st Street 的白妙櫻優雅地綻放

如果你對花品種很講究，不妨帶本圖鑑，好好研究溫哥華 40 多種常見的櫻花；不然也可以像我一樣，買杯熱咖啡，在櫻花綻放的街道下散步，人看花花也賞人。

4 到英吉利灣看海賞夕陽

市中心逛累了跨過 Beach Avenue，海灘就是你的了。城市環抱著英吉利灣，巨大的樹幹在沙灘上被遊人依偎著。此處的夕陽是城裡最美的，你可以在沙灘上看著落日一寸寸隱入海中，或是在海邊的餐廳裡拿著紅酒杯欣賞餘暉。

5 探訪最古老又新潮煤氣鎮

古老的紅磚從建築物的牆面延展到路面；100 年前維多利亞風格的建築形式依舊，牆面髹漆了，門廊更新了。煤氣鎮，這個溫哥華最古老的街區在 2012 年被評為全球排名第四的時尚社群。受到時尚界人士喜愛的原因只有一個：既古老又新潮。

19 世紀的淘金熱帶動了這裡的繁華，1971 年被規畫為文化保留區。如今古典的建築中是最潮的鞋子精品店，是文青出入後現代咖啡館，也是觥籌交錯的新式餐館。腳踏橡木桶的「蓋仙傑克」雕像依舊，踩在楓樹廣場石板路不再是躂躂馬蹄，取而代之的是遊客的腳步以及往來的車水馬龍。相信我，就算你不是前衛的時尚人士，也會愛上煤氣鎮。

6 吃遍亞洲各國的美食料理

連香港人都這樣承認，溫哥華的港式料理、燒臘、飲茶，無一不勝過如今的香港餐館。可能的原因是在九七回歸之後，香港名廚都投向溫哥華的懷抱了。不論事實是否如此，在溫哥華的粵菜廚子真是一身好本事；在北美太平洋濱盛產的魚蝦蟹貝加持下，港式料理如脫胎換骨，鮮味提升好幾個層次。

中國其他菜系隨著過去十多年中國的大量移民一起登陸；中韓兩國的競爭在溫哥華化暗為明，路邊一家多過一家的日式料理、韓國餐廳接踵比鄰。沒去過印度，你很難想像印度的奶油雞配烤餅如此美味，是的，一城吃遍亞洲味，只在溫哥華。

7 大膽走闖卡佩藍諾吊橋

哪一個森林公園有本事可以把「高」玩得如此有趣？140 公尺長的吊橋懸空在 70 公尺高的河谷上。在百年老樹間的小棧道奔跑，你搖搖晃晃在離地 33 公尺高的半空。不到 30 公分的半圓形玻璃走道之下是 90 公尺高的乾溪河谷，再大膽的人也只能摸著扶手一步步走完這突出在懸崖上的步道。

8 感受小義大利區的熱情

地中海的熱情感染了溫哥華東區的小義大利區 (Commercial Drive)。披薩、義大利麵是此區的基本主食；每經過一個街區就會聽到義式咖啡機的噴氣聲、濃濃的香氣從咖啡館

色香味俱全的亞洲料理

煤氣鎮歷史建築餐廳裡的燭光晚餐

卡佩藍諾吊橋令人腳軟

落地窗飄出來。義式冰淇淋 (Gelato) 是這幾年流行的新鮮貨，冰淇淋店老闆濃厚義大利腔的英文卻是十數年沒變。如果你以為滿街鮮豔的壁畫就是小義大利區最有看頭的畫面了……請你一定要來一年一度的義大利節逛逛，吃喝玩樂超「義式」！

9 漫步歐風名品暢貨中心

溫哥華人有著些許英國人的堅持和優雅，連在血拼的時候都是如此。2015 年夏天開幕的麥克阿瑟格林名品暢貨中心，路過時看到石板街道、尖塔城堡、鄉村木屋等建築群，會以為走進了歐洲小鎮。雖然面積不大，Coach 等受歡迎的名牌專賣店一應俱全。這家加拿大西岸第一家名品暢貨中心，讓前來溫哥華的旅客以及當地區民的消費慾有了更方便的新出口，而且再也不需要千里迢迢前往西雅圖敗金了！

10 流連咖啡館品嚐咖啡

溫哥華曾被美國媒體 USA Today 遴選為全球十大咖啡城市。原因無他：這城市對於咖啡有一種偏執狂。幾乎每個月都有新咖啡館出現街頭。絕大比例的咖啡館名稱後面都有個「烘焙者」(Roasters) 字樣，自家關起門來努力烘焙咖啡豆的微型烘焙場成為一種趨勢。喝咖啡搭配的食物也越來越講究，JJ Bean 的馬芬料多味美、49th Parallel 的甜甜圈口味令人眼睛一亮。這樣的結果就是：每個社區都有咖啡館；不論大型連鎖、獨立咖啡館，甚至烘焙坊、甜品店和超市都可以找到各自喜好的顧客，讓咖啡香瀰漫在整座城市。

英吉利灣沙灘上的野餐

49th Parallel Coffee 的咖啡讓人有幸福感

溫哥華重要慶典活動

溫哥華的各種活動多樣且豐富，一年四季不間斷。把這些活動慶典標記到你的旅遊行程表上吧！

 一月

北極熊冬泳
Polar Bear Swim

打從 1920 年起就開始的活動，每年元旦當天，超過 1,000 人集合在 English Bay，穿著泳裝或是搞怪的主題服飾，在接近零度的氣溫跳入海水中，以此開啟新的一年。

http bit.ly/2ktNxJl

溫哥華美食節
Dine Out Vancouver

這可是溫哥華美食界的年度最大盛事，超過 300 家的餐廳和飯店在 1 月底加入這個為期 17 天的美食盛會。(參見 P.64)

餐車美食也是溫哥華美食節的活動之一

地鐵無褲日
No Pants SkyTrain Ride

搭乘地鐵時，突然身邊的人不約而同不發一語地脫掉外褲，若無其事地繼續搭乘，你該怎麼辦？這是世界各大城市 1 月下旬某天同步舉辦的有趣活動。

http www.improvanywhere.ca

 二月

溫哥華國際葡萄酒節
Vancouver International Wine Fest

葡萄酒愛好者注意了！2 月底到 3 月初，為期 10 天的國際啤酒節匯集了 15 個國家，200 多家葡萄酒廠參展，試飲、美食活動節目滿檔，一站就能喝遍全世界的美酒！

http vanwinefest.ca

 三月

聖派翠克日
St Patrick's Day

綠色是愛爾蘭國家的代表色，也是為了慶祝春天的到來，這個愛爾蘭文化節慶將溫哥華大街小巷染成綠色！除了遊行，愛爾蘭小吃、啤酒都是該月的當紅炸子雞。

http www.facebook.com/CelticFestVancouver

四月 櫻花節
Cherry Blossom Festival

　　全市 4 萬棵櫻李花綻放的季節，美不勝收，一點也不輸給日本的櫻花季！這是北美洲最大的櫻花城市，每年 3 月下旬到 5 月上旬是櫻花盛開期。(參見 P.24)

被櫻花染成粉色的溫哥華街道

溫哥華太陽長跑
Vancouver Sun Run

　　4 月春寒料峭，是開始戶外活動的時候了！太陽長跑由溫哥華太陽報贊助，是一年之中最重要的跑步活動。全長 10 公里，每年吸引超過 4 萬人參加。http vancouversunrun.com

槍聲一響，上萬的跑者在溫哥華市中心的主要馬路上起跑

農夫市集攤位上的菇類多達十多種

五月 農夫市集
Farmers Market

　　如果想要買到最新鮮的蔬果、支持當地小農，溫哥華的農夫市集是最好的去處！每年從 5 月初到 10 月中，全市十多處市集輪流在各地開放。帶著你的購物袋，選定日期，前去市集與農夫聊天，在餐車買份三明治，坐在草地上享受夏日的陽光吧！http eatlocal.org

夏日夜市
Night Market

　　誰說在國外就不能逛夜市？這個位於列治文的夏日夜市雖然與我們熟悉的不盡相同，但是亞洲美食、飲料、琳瑯滿目的小攤，5 月初到 9 月底，每個週末吸引上萬的人潮前去消費。想吃碗台灣甜不辣配珍奶嗎？來到夏日夜市準沒錯！

http richmondnightmarket.com

前往夜市的饕客不分族群，但仍以亞裔居多

溫哥華精釀啤酒節
Vancouver Craft Beer Week

溫哥華被譽為精釀啤酒之都，每年 5 月底至 6 月初在 PNE 舉辦的啤酒節網羅了當地近 20 家精釀啤酒廠，超過 100 種口味各異的啤酒，是愛好啤酒者的海飲天堂。

http vancouvercraftbeerweek.com

海灘上的吟遊詩人
Bard on The Beach

莎翁的名劇每年 6 ～ 9 月在溫哥華的沙灘接力上演。穿上 T 恤和短褲，腳踩便鞋，斜坐在巨大帳篷搭起的劇院，眼前舞台後方的遠處就是高山和海灣，演員們在輕快的音樂中跳起舞，演繹著莎翁筆下的名劇《仲夏夜之夢》(參見 P.154)。

http bardonthebeach.org

白色帆布帳篷是沙灘上莎翁音樂劇顯目的招牌建築

溫哥華民俗音樂節
Vancouver Folk Music Festival

每年 7 月第三個週末，在溫哥華西區 Jerico Beach Park 搭起舞台，世界各地的民俗音樂家展開 3 天的演奏。

http thefestival.bc.ca

加拿大國慶日
Canada Day Celebration

在加拿大生日的這天，每個城市都有慶祝活動，其中就屬溫哥華市中心最熱鬧！音樂表演、美食攤位、遊行、煙火表演，來跟上萬人一起為加拿大慶生吧！

http www.canadaplace.ca/events

以 2010 年冬季奧運聖火台為背景的演唱會舞台

溫哥華同志嘉年華
Vancouver Pride Fest

這是北美最大的同志遊行之一。野餐、電影放映等各種同志慶祝活動排滿 1 個星期，但是最精采的重頭戲還是同志大遊行，以及遊行結束後在 Sunset Beach 的大型派對活動。 http www.vancouverpride.ca

辣妹跟小鮮肉的遊行花車永遠招攬來最多的掌聲

溫哥華喪屍上街日
Vancouver Zombie Walk

畫上你最恐怖的妝，戴上你最嚇人的道具，噴上人造血，一起跟其他喪屍走上街頭吧！不少媲美電影專業變裝素人的恐怖造型，讓這個遊行既血腥又精采。 www.facebook.com/zombiewalkvancouver

遊行隊伍裡塗上黑眼圈的青少年喪屍團

 ## 溫哥華國際電影節
Vancouver International Film Festival

這是北美五大電影節之一，也是加拿大西岸最大的電影盛事！每年有超過 70 個國家，400 部電影參展。重量級的導演多隨電影造訪溫哥華，吸引 15 萬人次參與活動。

 www.viff.net

 ## 萬聖節遊行
Halloween Parade

萬聖節就是要搞怪！這是個為期 3 天的 cosplay、動漫、遊戲、化妝和電影的盛會，包括藝術表演、博覽會及一場大遊行。這個遊行裡，不只能看南瓜燈人、吸血鬼，更多的

是逗趣的裝扮：變形金剛、雷神索爾，甚至是《冰雪奇緣》的艾莎！

 www.vanhalloween.com

 ## 聖誕節大遊行
The Santa Claus Parade

聖誕老公公坐在花車上跟大家揮手；麋鹿裝扮的機車騎士在街上蛇行；薑餅人布偶沿街發送糖果……每年 11 月中，這個歡樂滿滿的節慶遊行在溫哥華市中心上場。如果想取得最好的觀賞角度，可得提早前去占位子。(參見 P.49)

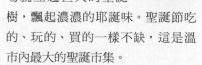
胡桃鉗士兵是聖誕節期間最應景的經典木偶

溫哥華聖誕市集
Vancouver Christmas Market

11 月下旬起，溫哥華市中心的 Jack Poole Plaza 廣場就立起巨大的聖誕樹，飄起濃濃的耶誕味。聖誕節吃的、玩的、買的一樣不缺，這是溫市內最大的聖誕市集。

 www.vancouverchristmasmarket.com

 ## 溫哥華新年倒數
Countdown in Harbourfront

每年的最後一天，紐約市有時報廣場的活動，溫哥華有海邊廣場的倒數！音樂、煙火，這個免費的活動邀請所有人一起來溫哥華迎接新年。 www.concordsnyevan.com

美景與體驗

四季限定

溫哥華的氣候因為海洋的調節，夏季涼爽少雨，相對溫和的冬季少雪，氣候十分宜人。季節嬗遞帶來多變的自然景觀，人們因著氣候的變換也發展出多元的活動。春天賞櫻、夏季露營、秋季楓紅、冬天滑雪，山間小路健走、城裡莎翁好劇連連，溫哥華一整年好玩得不得了。

溫哥華的四季體驗
在粉紅色街道漫步

一入 3 月，全溫哥華道路邊、公園裡、山坡上、住家圍牆內所有高高低低的枯枝冒出點點花苞。或綠色或粉紅或紫紅，幼秀的模樣搔得人心癢癢的。當第一片花瓣掙脫花苞的包覆，在風中怯生生地搖曳，正式宣告賞花季節的到來。打頭陣的，當然非李屬 (prunus) 的櫻李桃梅四大花種莫屬了！

全溫哥華共植有 3 萬 6 千多棵的櫻花，由約莫 40 個櫻花品種組成；李花約莫 1 萬 5 千棵，有 4 個品種。2 月底至 5 月中旬，近 50 種櫻、李花開遍全市社區的大街小巷。

紫葉李花

三波賞櫻期大綻放
第 1 波 (2 月底～3 月底)
花種：黑葉李花、紫葉李花、惠空櫻、褒獎櫻

春寒料峭，李花先報到。這段期間雖然桃紅色的惠空櫻豔赤赤地率先大方綻放，街頭巷尾還是花朵細小，樹冠澎湃的李花匯聚各方眼光，站在鎂光燈下以粉紅粉白妝扮街道，往往一路蜿蜒長達數百公尺甚至 1 公里長。

褒獎櫻

第 2 波 (3 月底～4 月中)
花種：染井吉野櫻、美國曙櫻、白妙櫻、太白櫻、紅枝垂櫻、海貓櫻、雪雁櫻、御車返櫻

櫻花季的高潮莫此為甚。染井吉野櫻純白正色、花瓣

染井吉野櫻

溫哥華市中心的美國曙櫻

伊莉莎白女王公園的美國曙櫻

平伸完美對稱，散步花樹下頗能體會東洋皇室貴族的傲氣。全溫哥華分布最廣的美國曙櫻是染井吉野櫻的變種；即便是庶生，保留了吉野櫻的高雅花態，卻多了份幼嫩粉紅的嬌豔。

如果你偏好潔白無瑕，太白櫻該是你一見鍾情的對象。整朵純白卻在花心處輕染粉絲，太白櫻斗大如卵，名如李白，果然有詩仙仗劍吟詩的豪放。

第 3 波 (4 月中旬～ 5 月初)

花種：關山櫻、鬱金櫻、白普賢櫻

此階段開的花種最精采，大多都是有 10 ～ 12 的重瓣花種，白色、黃色和各種深淺不一的粉紅櫻花。

關山櫻是櫻花季末的皇后。花色豔麗，搭配多達 40 ～ 50 瓣的花朵霸占枝頭，一團團集結枝頭，像是千百個新娘同時將手中的捧花向上拋擲，花團相連，無數團花球在風中搖曳。

你見過黃色的櫻花嗎？花形略作碗狀的鬱金櫻是櫻花族譜中的異類。日人稱之為「薑黃花」，不難想見其如咖哩般的花色。晚春的枝頭，重瓣的鬱金櫻一樹白裡帶黃，在紅白大對抗的城市裡，別有耳目一新的感受。

白妙櫻

賞櫻嘉年華慶典

每年溫哥華櫻花嘉年華會都會在櫻花季舉辦各種慶典。櫻花季正式開場活動固定在溫哥華市中心的布洛德車站舉辦。活動現場有日本春天料理示範、日本傳統舞蹈、印度櫻花舞等表演。你也可以現場領取

關山櫻

凡杜森植物園
日本櫻花節裡的櫻花舞

溫哥華隨處可見的街頭櫻花林

事先預訂，由溫哥華各大日式餐廳準備的櫻花便當，在滿開的花叢下席地野餐。如果你覺得單純賞櫻不夠過癮，大會舉辦的賞夜櫻、櫻花樹下單車之旅等活動提供更多樣化的賞櫻行程。

凡杜森植物園的櫻花日本節也是城中櫻花盛事之一。除了在植物園內欣賞數棵溫哥華難見的大型紅枝垂櫻，兩天的慶典活動還可以在各式各樣的日式小吃攤位品嘗道地的日本料理，品嘗日本抹茶、清酒，或是欣賞日本動漫同人秀、歌舞伎等表演。http www.japanfairvancouver.com

旅遊資訊

溫哥華市四大賞櫻地點

溫哥華市中心 (Burrard SkyTrain Station)
➡ 搭乘 SkyTrain Expo Line 或 Millennium Line，在 Burrard Station 下車
🌸 美國曙櫻

UBC 大學 (Nitobe Garden, Lower Mall)
➡ 請參見 P.160
🌸 吉野櫻、海貓櫻

史丹利公園
➡ 請參見 P.126
🌸 吉野櫻、太白櫻、高砂櫻、大提燈籠櫻、雪雁櫻

伊莉莎白女王公園
➡ 請參見 P.146
🌸 美國曙櫻、吉野櫻、太白櫻、紅枝垂櫻、海貓櫻

溫哥華櫻花最前線快報

溫哥華櫻華嘉年華會 (Vancouver Cherry Blossom Festival)
提供了櫻花地圖與最即時花訊報導，是賞花客最方便的花訊查詢網站。
http www.vcbf.ca

Ornamental Cherries in Vancouver

櫻花圖鑑是賞櫻好工具

綠色文化
旅居溫哥華多年的林聖哲老師經營的社群，每年春天舉辦溫哥華各地區櫻花導覽，同時介紹溫哥華城市文化和歷史，是賞櫻入門者最好的響導。每場導覽費用：加幣 $5 ／人。
📞 604-327-8693
http www.greenclub.bc.ca

溫哥華的四季體驗
季節限定極品斑點蝦

海味季開鑼！你吃過蝦子了沒？

在溫哥華市區內有個漁人碼頭，鮮少人知。就連在此居住了數十年的老移民，也不相信市中心有這麼一個可以在船邊跟老闆討價還價買海產的地方。這個福溪漁人碼頭 (False Creek Fisherman's Warf) 坐落在格蘭佛島旁，West 1st Avenue 的盡頭。每年 5 月上旬的斑點蝦嘉年華就在此登場。

現場五星級主廚料理秀

斑點蝦 (Spot Prawn) 因為身上的斑點而得名。這種生長在北美西岸的蝦子和名滿天下的日本牡丹蝦是近親，故也稱之為「加拿大牡丹蝦」。每年 5 月中起的 80 天是盛產期。其肉質扎實有彈性，滋味鮮美，產期極短，被老饕們視為海鮮極品。一到了產季，整個溫哥華都會區所有餐廳的菜單上，最火紅的就是牠。

新鮮上岸的斑點蝦

為了迎接斑點蝦的盛產期，溫哥華居民無不摩拳擦掌、躍躍欲試。活動重點是當天上午 11 點到下午 3 點，碼頭旁的帳篷裡有來自溫哥華各大五星級飯店的主廚為你獻上當天早上剛捕撈、現場烹煮的斑點蝦。

現場品嘗入場券請提前預購

想在現場品嘗現煮的斑點蝦，可得提早在網路上預購的餐券。雖然價格不便宜，但活動過於熱門，往往 4 月初開賣沒幾天票券就銷售一空。向

餐廳大廚在活動現場示範斑點蝦烹飪法

隔的人只能到現場排隊碰碰運氣。有兩種餐點選擇：斑點蝦海鮮濃湯 ($12)，以及包含 6 道餐點的早午餐 ($60)。

斑點蝦令人食指大動

活動當天，福溪漁人碼頭旁的白色帳篷下，一鍋鍋煮熟的蝦子冒著煙，香氣四溢。總鋪師見所有淋醬、配菜、烤麵包攤食物以及人員就位完畢，時間一到，食客們魚貫入座，一道道餐點依序上桌。豔紅碩大的斑點蝦淋上醬汁，綠色沙拉葉菜圍繞，搭配溫哥華知名烘焙坊 Terra Nova 的麵包，紅酒、咖啡，一頓豐盛的海鮮早午餐在碼頭自此展開。

享受海味的美食盛宴

在木頭甲板上，排隊的路旁，野餐桌上或是主辦單位貼心準備的雞尾酒高腳桌邊，顧客們各種大啖美食的吃相紛紛出籠。除了品嘗斑點蝦，現場還有樂團演奏、葡萄酒試飲、名廚示範如何料理斑點蝦的活動……這蝦子吃的學問不小。

活蹦亂跳的斑點蝦身體原本就一身豔紅色

洋人注重生活品質和情趣，從迎接小小一尾蝦子的活動中可見一斑 。在斑點蝦嘉年華會中沒吃到蝦子的人，不必洩氣，到各大超市買磅鮮蝦回家親手烹煮，或是選家海鮮餐廳點上一盤火烤或水煮鮮蝦，一樣可以好好享受初春大自然的海味。

旅遊資訊

斑點蝦嘉年華
Spot Prawn Festival
✉ 溫哥華市福溪漁人碼頭
🕐 每年 5 月初
http spotprawnfestival.com

溫哥華福溪漁人碼頭
False Creek Fishermen's Warf
✉ 1505 West 1st Avenue, Vancouver, BC, V6J 1E8
📞 (604) 733-3265
http www.falsecreek.com/fishforsale.html

電視台派出記者採訪參與斑點蝦節的民眾

廚師分食斑點蝦

溫哥華福溪漁人碼頭

溫哥華的四季體驗
野地露營趣

加拿大森林多，湖泊也多，湖泊數量比世界上所有其他國家的湖泊數量總和還要多；國土面積的三成被森林覆蓋。因此每年夏季初始，熱愛戶外生活的加拿大人無不換上短褲，載著裝備，驅車直奔山巔海濱，搭起帳篷、升起營火，享受野趣生活。

海天公路上最美的湖泊

愛麗絲湖省立公園附設的露營地，是大溫哥華地區數一數二的露營場地。距離溫哥華市區不過一個半小時的車程，離最近的城鎮史夸密須只有 10 分鐘車程。露營地設備齊全，景色優美，熱門到如果沒在 3 個月前就上網預訂，絕對無法在 6 ～ 8 月的露營旺季裡求得一個營位。

西元 1888 年，首位落籍於此地的拓荒者 Charles Rose，發現這個湖泊，美麗一如叢山間的一顆淚珠，遂以他的夫人 Alice Rose 命名此湖。湖如其名，果真成為溫哥華至滑雪勝地惠斯勒之間，海天公路上最美麗的景點。

野營車在加拿大極為普遍

林間的紮營區

乾淨舒適的衛浴是營地的標準配備

營地前標示入住的日期

繞湖一周，享受芬多精的沐浴

　　營地緊鄰愛麗絲湖，雖然被森林包覆，但此湖竟有 2 處沙灘，從湖水沿著沙地上岸，延伸出大片的草地，一路蜿蜒直到林間，像是為人們特別設計的休閒勝地。湖水十分清澈，溫度也低，然而一點也不減戲水幼童的玩性。湖邊也有提供獨木艇、氣球船的出租，不妨試試身手。

　　沿著水岸小徑，可以繞湖一周，欣賞湖光山色之餘順便吸飽芬多精。若是健走的愛好者，愛麗絲湖旁有另一個更為幽靜的小湖 Stump Lake，是個探幽的好選擇。體能更好的人，不妨選擇 Four Lakes Trail 來練腿力，把這整個區域 4 個湖泊拜訪一輪。

外國孩童對水上活動毫無招架之力

年輕人偏好湖邊日光浴

溫哥華的露營場地附近大多有湖泊

露營和烤肉總脫不了關係

森林健走

在篝火上烤棉花糖，是露營入夜後最幸福的甜點

待上半個月也不膩的幽靜桃源

夜晚時分，炊煙從每個營地緩緩升起，空氣中飄溢各國食物的香氣。10時許的林間夜色濃如墨汁，溫度降至10度左右，逼著人們披上薄衣。起了營火，除了暖了方圓3公尺，聽乾裂的木材在烈火中呲呲啵啵爆裂更是種小確幸。

在山神的庇護下餐風露宿的日子，是悠閒的慢生活。難怪洋人們常常一住就是十天半個月，整整一個夏天在荒郊野外度過的人也不算少數。這樣吹拂湖上清風、身浸林間松香的「好野人」，是揮金如土的土豪們怎樣也比不上的。唯獨要注意野外的蚊子挺兇猛的，別忘了帶防蚊液，以免四肢都是紅豆冰！

旅遊資訊

BC省熱門露營地

- 愛麗絲湖省立公園
  Alice Lake Provincial Park
- 卡爾特斯省立公園
  Cultus Lake Provincial Park
- 金耳省立公園
  Golden Ears Provincial Park
- 海豚灣省立公園
  Porpoise Bay Provincial Park
- 波丘灣省立公園
  Porteau Cove Provincial Park

營地預訂網站：
www.discovercamping.ca

溫哥華的四季體驗
沙灘上享受盛夏豔陽

盛夏的豔陽有如黃金般寶貴，溫哥華人豈能輕易錯過？因此，奧地利作家 Richard Engländer 的名言稍微修改一下，拿來形容溫哥華人陽光的喜愛非常貼切：我不是在沙灘上，就是在前往沙灘的路上……

西尾區 英吉利灣海灘(English Bay Beach)

英吉利灣海灘橫亙在西尾區西南方，長年海風吹拂，遊人如織。海灘上無數巨大樹幹井然有序地散落，在夏季裡泳客、日曬者、風帆或獨木舟運動客們各得其所；遠處的商船油輪、近處的遊艇帆船讓海平面熱鬧非凡。

除了天然海景，英吉利灣海灘附近的人文景致也頗有看頭。鄰近的落日海灘一如其名，是觀看夕照的好去處；海灘邊巨型雕塑《Engagement》和《Inukshuk》等大雕塑妝點了海岸線。每年元旦的北極熊冬泳 (Polar Bear Swim)、夏日煙火節 (Celebration of Fire)、8 月的同志大遊行 (Pride Parade) 都在英吉利灣登場。想認識溫哥華，不可不到此一遊！

巨大的訂婚戒指雕塑《Engagement》

英吉利灣的碩大原木樹幹是遊客賞海的天然座位區

基斯藍諾區 基斯藍諾海灘(Kitsilano Beach)

入選世界雜誌票選「最佳城市沙灘」前10名，位於英吉利灣的南面，當地人稱之 Kits Beach，可能是全溫哥華最「養眼」的海灘。沙灘上處處都是穿著清涼、窈窕健美的年輕男女，享受陽光只是目的之一，看人和被看才是重點。一群群青少年圍圈閒坐，談笑晏晏；沙灘上精壯小鮮肉騰空跳躍，沙灘排球戰況正烈。

退潮時分，不妨走到海床上撿拾貝類，踩著僅及腳背的海水戲浪。海灘一旁有座全加拿大最長的泳池 Kits Pool，淺藍泳池與海岸連成一線，與遠處山海景一氣呵成，游泳池的景觀從來沒有這樣壯麗過。

Kits Pool 讓泳客在沒有浪的海水中游泳

史丹利公園 第三號海灘(Third Beach)

隱身於史丹利公園一角，西溫沿坡而建的豪宅山景隔海相望，蓊鬱的林相在身後，第三號海灘是內行的溫哥華人才知道的景點。位於公園的西端，面對海域視野毫無阻礙，是溫哥華市內欣賞夕陽絕佳之處。Seawall 是行人和自行車客專用的小徑，環著小島繞行。不論是健行者或是單車客路經此海灘，無不停下腳步，脫了鞋，讓腳趾陷入細沙中，體驗夏日滾燙的溫度。

站立獨木舟是最流行的水上活動

最能展現沙灘男孩的精神：沙灘排球

在史丹利公園，騎車和海灘戲水是同一件事

不管閱讀、聊天或滑手機，總脫不了日光浴

海邊烤肉地點第一選擇：杰立可海灘

基斯蘭諾區 杰立可海灘以及西班牙灣
(Jerico Beach & Spanish Banks)

　　從溫哥華市區徒步或是騎單車，可以沿著英吉利灣南岸的 Seaside Green，穿過杰立可和西班牙灣 2 個海濱公園，一路到達 UBC。一百多年前西班牙探險家比英國人還要早登陸溫哥華，西班牙灣就是他們上岸之處。2 公園緊緊相鄰，同樣都擁有大片的綠地和沙灘，面對壯闊的北岸、溫哥華城市線，是全溫哥華最長的沙灘。

　　除了沙灘排球、跑步單車等活動，烤肉野餐應該是這些沙灘最受歡迎的家庭娛樂。不如市區內的沙灘那摩肩擦踵般的擁擠，在杰立可以及西班牙灣沙灘上的活動多了一份悠遊自在的閒情。

UBC 英屬哥倫比亞大學 沉船天體海灘(Wreck Beach)

　　UBC 的「天體海灘」遠近馳名，夏季裡每天平均吸引 14,000 名遊客前來；近 8 公里長，是全世界最長的天體海灘。事實上此沙灘並沒有硬性規定民眾一定要裸體，裸身只是一個選擇，脫不脫由人。從 6 號小徑入口出發，走下數百階好漢坡到達沙灘後，左半邊遼闊的沙岸上戲水的、日光浴的民眾都身著泳衣；右半邊的海灘以及從樹林間延伸出的岩岸才是裸身的區域。

在裸身區域不論男女老少，各色人種，都一絲不掛，做日光浴、閱讀，或從事海灘球類活動。兜售飲料的人身上除了一個冰桶，全身光溜溜大方地逢人叫賣。

進入天體海灘前的注意事項　天體海灘從 6 號小徑入口進入

只要遵守避免盯著他人的裸身或是不可拍照攝影等禮節，在裸體海灘上解放身體束縛，享受天人合一的感覺無限暢快。如果對慢跑有興趣，不妨參加沉船海灘俱樂部每年 8 月舉辦的「光屁股慢跑」(Bare Buns Run) 活動，享受奔跑時海風迎面吹拂裸身的感覺。

樓梯盡頭的沙灘，左手邊是著衣區，右手邊是裸身區

旅遊資訊

英吉利灣海灘 (English Bay Beach)
✉ 沿 Beach Avenue 西側，介於 Gilford Street 和 Bidwell Street 之間
➡ 搭乘 #C21 公車，在 Beach Avenue 上的 Burnaby Street 站下車

基斯藍諾海灘公園 (Kitsilano Beach Park)
✉ 位於 Cornwall Avenue 以及 Arbutus Street 的交叉口
➡ 搭乘 #22、#2 公車在 Cornwall Avenue 上的 Arbutus Street 站下車
http vancouver.ca/news-calendar/kitsilano.aspx

史丹利公園第三號海灘 (Third Beach)
✉ Ferguson Point in Stanley Park
$ 免費
http vancouver.ca/parks-recreation-culture/third-beach.aspx

杰立可海灘與西班牙灣 (Jerico Beach Park & Spanish Banks)
✉ NW Marine Drive 以北，東端為 Highbury Street，西邊與英屬哥倫比亞大學接壤
➡ 搭乘 #4 或是 #C19 在 4th Avenue 上的 Wallace Street 站下車，沿著 Wallace Street 往北步行 5 分鐘即可到達

沉船天體海灘 (Wreck Beach)
✉ NW Marine Drive 以及 University Avenue 路口西側的海灘
➡ 搭乘公車抵達 UBC Bus Loop 總站後，沿著 University Avenue 向西行，直至 NW Marine Drive，橫越馬路即可到達通往海灘的 6 號健行小徑入口
$ 免費
© 天黑後海灘關閉
http www.wreckbeach.org/index.html

溫哥華國際煙火節

溫哥華的夏天除了露天啤酒餐廳、沙灘排球,城市裡最重要的活動,莫過於看煙火了。打從 1990 年開始,煙火就成為夏日夜裡最繽紛的盛會,年年吸引超過 150 萬人前來觀賞。

30分鐘煙花秀驚喜不斷

這煙火節的特色在於:競賽。每年開放給 3 個不同的國家,依照各國的經費、特色來展現各自的煙火魅力,最後交由民眾以及專家來評選當年度最佳煙火場次。為了爭取好名聲,參與的國家團隊莫不費盡心思,期望在短短不到 30 分鐘煙花綻放中搏得彩頭。

煙火施放的地點在溫哥華市中心的英吉利灣 (English Bay),開闊海域上的漆黑夜空是煙火最佳的舞台。煙火施放時,主辦單位在英吉利灣搭配廣播電台播放音樂,極具聲光效果。現場亦有十數輛不同風味的餐車,為觀賞煙火的群眾解飢。

最佳觀賞地點報你知

英吉利灣是離煙火最近的觀賞地點,如果你嫌太擁擠,不想人擠人,布洛內橋 (Burrard Bridge)、凡尼爾公園 (Vanier Park)、基斯藍諾海灘 (Kitsilano Beach)等,都是不錯的觀賞點。如果能訂到市中心超高樓的飯店如 Shangri-La Hotel,從飯店房間居高臨下欣賞煙火,是另一種壯麗;或是租一艘遊艇行駛於英吉利灣海灘公園 (English Bay Beach Park) 的海上,拿杯紅酒,讓絢爛的煙火在頭頂上空爆開流竄,是最奢侈的享受。

從溫哥華高樓俯瞰煙火

旅遊資訊

溫哥華夏日煙火節 (Honda Celebration of Light)

🕐 7 月中旬

💲 免費

🌐 hondacelebrationoflight.com

最佳觀賞地點

英吉利灣海灘公園 (English Bay Beach Park)

✉ 位於 Beach Avenue 和 Denman Street 交叉口

➡ 搭乘 #23 公車，在 Beach Ave 上的 Burnaby Street 站下車

凡尼爾公園 (Vanier Park)

✉ 1000 Chestnut Street(與 Whyte Avenue 交叉口)，位於 Kitsilano Beach 東側

➡ 搭乘 #22、#2 公車在 Cornwall Avenue 路上的 Cypress Street 站下車，沿 Cornwall Avenue 東行，左轉 Chestnut Street 後直行到底即達

基斯藍諾海灘公園 (Kitsilano Beach Park)

✉ 位於 Cornwall Avenue 以及 Arbutus Street 的交叉口

➡ 搭乘 #22、#2 公車在 Cornwall Avenue 上的 Arbutus Street 站下車

🌐 ancouver.ca/news-calendar/kitsilano.aspx

溫哥華的四季體驗
捕獲秋蟹趣

被海洋環伺的大溫地區,處處是漁藏豐富的海域,天天可垂釣。螃蟹更是一年四季皆可捕獲,但論及肉質肥美,秋蟹當屬首選。

溫哥華水域的螃蟹以紅蟹 (Red Rock Crab) 以及體型稍大的黃金蟹 (Dungeness Crab) 為主。這兩種螃蟹都以肉多質細著名,和斑點蝦、鮭魚並列加拿大西海岸三寶。捕螃蟹被卑詩省政府列為民眾休閒的項目之一,只要花點小錢做好捕蟹準備,吃螃蟹不必上館子!

捕蟹前必備物品

採買捕蟹籠和量尺:工欲善其事,必先利其器。捕蟹前先去採買 2 樣東西:捕蟹籠和量尺。專業點的籠子是方方正正,有如行李箱般大小的蟹籠;但一般扁平半圓形或金字塔形狀的小蟹籠就夠用了。另外,加拿大捕魚法 (Fisheries Act) 對於民眾捕撈到的螃蟹大小以及性別,都有極其嚴格的規定,因此自備量尺是必要的。萬一真的忘了帶,碼頭上也多有固定的量尺可供使用。

申請海水釣魚證:如果沒有釣魚證 (Tidal Waters Recreational Fishing License),捕蟹現場被海岸巡邏員查緝,罰款金額不低。千萬不要以身試法!

準備肥厚的釣餌:一般都使用雞或鴨肉,肉越豐厚越好。

玩樂小撇步 **達人教你補蟹**

將肥厚的釣餌放入蟹籠,固定好繩索

手持繩索,奮力向海中擲去

撈起蟹籠,開獎時刻

輕便的三角形捕蟹籠　　　　肚子尖尖的公蟹

紅蟹　　　　　　黃金蟹　　　　　　碼頭邊捕蟹規定說明

謹守「三不二有」原則

不過，在丟出蟹籠前及收起蟹籠後，還得注意為了維持海洋生態的永續的「三不兩有」原則，以免受罰。

第一不：母蟹不能捕。也就是肚子尖尖的公蟹才可以帶回家。

第二不：過小的不能捕。黃金蟹必須大於 16.5 公分、紅蟹必須超過 11.5 公分，未足尺寸的，即便差個幾釐米，都必須放生回海中。

第三不：每人每天不能帶回超過 4 隻螃蟹。

兩有：每人同時只能使用 2 個捕蟹籠。

萬事俱備，準備捕螃蟹！

漲潮時，在碼頭上解開蟹籠，繩索末端綁在木柱上固定，綁好釣餌，手持繩索，在身後將蟹籠甩個圈，奮力向海中擲去！蟹籠以拋物線的弧度遠遠飛去，落入海中濺起水花。下網約莫 20 分鐘後就是開獎時刻，撈起蟹籠那一刻總是幾家歡樂幾家愁，即使撈起螃蟹也先別樂，檢查性別和大小後再高興也不遲。

旅遊資訊

溫哥華都會區絕佳的捕蟹地點

- **溫哥華：**Jericho Beach(Discovery Street)
- **西溫哥華：**Ambleside Park(Marine Drive & 13th Street)
- **北溫哥華：**Cates Park
- **本拿比：**Barnet Marine Park(Takeda Drive @ Barnet Highway)
- **滿地寶：**Belcarra Regional Park(布洛德內海和印地安灣交會處)
- **白石鎮：**White Rock Beach 長堤

捕蟹籠購買地點（網站）

- **Walmart：**www.walmart.ca
- **Canadian Tire：**www.canadiantire.ca

如何申請海水釣魚證

http www.ops2.pac.dfo-mpo.gc.ca/nrls-sndpp/index-eng.cfm

$ 16 歲以下孩童申請釣魚證一律免費。卑詩省居民申請一年的釣魚證 $22.05；1 天、3 天或 5 天的釣魚證，從加幣 $5.51~16.8 不等。非加拿大居民的費用雖然高一些，但一天的釣魚證只需加幣 $7.5，就可以當日無限暢釣

太陽海星常和螃蟹搶食釣餌

溫哥華的四季體驗
遊走楓情城市

每年 10 月底，溫哥華市容被楓葉染成繽紛畫作。隨意路經街角，火紅的路樹自遠處一路熾紅燃燒而來，赤豔猛地燙傷你的眼角。或者漫步湖邊小徑，槐樹滿頭黃葉在陽光下耀眼；一陣風過，數千片小葉橫向飄落，好個氣勢磅礴的漫天黃金雨。

帶著甜甜香氣的秋紅主角

秋天的彩葉雖然粉色、正豔各有，紅橙黃等顏色眾多，有如油漆行裡牆上深深淺淺或亮或暗色澤的變化多端，但大抵就是紅黃兩色。連香、椴木、橡木、多花藍果樹、刺槐、梣樹都是黃色葉子的家族。雖然都是黃葉，也多所不同：有的如檸檬般正黃，有的黃綠交雜，有的帶點橘色，甚至帶著焦糖的甜甜香氣。

　楓樹的確就是秋紅的主角。大葉楓、曼尼托拔楓、挪威楓、甜楓、日本楓、紅楓等都是綠葉轉紅的高手。加拿大國旗上顏色正紅的楓葉，就是以甜楓(Sweet Maple) 為本的設計。

旅人們最愛的楓紅街區

　以下幾個楓紅街區，是溫哥華是賞楓的熱門地點，值得賞楓人細細品味。

英吉利灣：Sylvia Hotel

　位於市中心英吉利灣海邊旁，有百年以上歷史的 Sylvia Hotel 西面的牆上爬滿喬治亞藤 (Georgia Ivy)。夏天時綠意盎然，一到秋天，從高樓漸次紅降下來，紅葉妝點著一道道窗口面對萬頃碧波，成為英吉利海灣最美的風景。

溫東：鱒魚湖 (Trout Lake)

　鱒魚湖並不大，環湖步道走一圈也不過十來分鐘的路程。慢跑、遛狗、野餐、發呆是在這個市區內的小湖最適合做的幾件事。沙灘後方就是一整片高聳楓樹，比肩而立。楓葉當紅時，從湖的對岸遠眺，彷彿整株著了火，湖水上也映著赤焰火光。

楓樹從樹梢紅到湖心的鱒魚湖

溫西：Wallace Street

介於 West 1st 和 2nd Avenue 之間的兩個街區，短短不到 100 公尺，紅楓蓋頂有如紅色隧道。隔兩條街外即是杰立可海灘以及西班牙灣。夏季前來日光浴的

人們鋪滿長長的沙灘；秋冬時沿著海岸步道緩行，遠眺西溫臨海櫛比鱗次搭建的豪宅，隔著英吉利灣史丹利公園遠遠地蓊蓊鬱鬱，有種遺世獨立的蒼涼美。

溫東：East 11st Avenue

與 Ontario Street 交叉口，進入此街區，還沒見著樹，看到遊客群集街頭，就知道楓紅不遠了。短短的一個街區擠進了十數棵粉色楓樹，秀色可餐。街區百來公尺外就是熱鬧的 Main Street，知名的咖啡館如 Kafka's Coffee、Gene Coffee、

JJ Bean Coffee 近在咫尺。賞完楓，來杯香醇溫熱的咖啡，視覺味覺都大大滿足。

溫東：Cambridge Street

介於 North Kamloops Street 和 Slocan Street 之間，一樣是坐落尋常百姓家的社區，劍橋街的楓樹群更囂張。兩個街區楓樹枝葉茂密低垂，幾乎觸手可及。楓紅時，整個街區從頭到尾燒成一片，大片豔紅罩著行人頭頂，壓得人喘不過氣來。

溫哥華的四季體驗

體驗農家樂

> 溫哥華一年四季活動滿檔,但因為氣候的緣故,70% 都集中在春夏兩季。華人說「秋收冬藏」,套在北國人們的生活節拍裡,果真有幾分道理。

每年不同主題的玉米迷宮

北國的秋天,除了玉米收成,受闔家歡迎的玉米迷宮可是農家另一項可觀的收入。因此,每年在玉米田栽種之前,都須先詳細規畫當年的圖案,按圖播種、清除維護走道。

位於素里的 Bose Corn Maze 占地 15 英畝,該是大溫地區第二大的玉米迷宮。每年推出不同主題的迷宮,大小相似,難度不同。由於迷宮太大,因此農家會提供指引,讓遊客較容易按圖索驥。不過,對於亞洲人來說,英文題目有些艱澀,不如好好享受在玉米田裡迷路,一種會令人上癮的恐懼感。

現採蘋果，新鮮又脆口

9 月起，各品種的蘋果陸續熟成，洋人們總是在這個季節大量採購，除了生食外，更將蘋果入菜或是做成甜點。若想要享受更鮮甜的水果滋味，那就得前往 U-Pick 的蘋果果園了。

Apple Barn 位於大溫地區的水果產區亞伯斯福特 (Abbotsford)。臨時搭建的簡陋帳篷下一張小桌就是結帳櫃檯。小袋 (5 磅) 隨你裝滿價格是加幣 $8.5、中袋 (10 磅) $15，大袋 (25 磅) $32。付了錢，拿著果園提供的不織布袋子，順著店員順手一揮的方向前去，整個蘋果園就是你的了。

摘蘋果有如後宮選妃般，剛開始覺得每個都美、都想要；5 分鐘後挑選眼光漸嚴，開始東挑西揀，原本 10 分鐘就可以採摘完成，最後耗掉 1 個小時。提著鼓脹沉甸的蘋果袋踏出蘋果園，心下的成就感豈是區區 $10 可以買得到的；而且新鮮爽脆口感絕不是超市賣的蘋果可比擬。

以南瓜布置的遊樂小天地

秋風起，空氣中飄著濃郁的南瓜味。雖然街頭巷尾處處可見南瓜，但要與南瓜近身接觸，非得走一趟南瓜田 (Pumpkin Patch) 不可。

　　南瓜田通常與玉米田毗連。偌大南瓜田上，南瓜葉與藤已被農人清空，留下斗大豔橘的南瓜散落四處。遊客要想多買幾顆回家裝飾，瓜農隨時出借推車，再多、再重都能搬得痛快。在穀倉旁，農家將南瓜布置成種種遊樂設施，小孩在齊腰的南瓜群中鑽進鑽出，玩溜滑梯、捉迷藏，好不愉快。

　　一堆堆各式品種的裝飾南瓜，令人大大開了眼界，打道回府前不妨逛逛穀倉裡的商店，農人們一年的收穫都濃縮於此：果醬、玉米、鮮榨蘋果汁、南瓜派……一屋子秋天的滋味，任君挑選。

旅遊資訊

玉米田
Bose Corn Maze
✉ 64th and 156th Street, Surrey, BC
☎ (778) 578-5450
🌐 www.bosecornmaze.com

蘋果園以及南瓜田
Taves Family Farms
✉ 333 Gladwin Rd, Abbotsford, BC V2S 8A7
☎ (604) 853-3108
🌐 tavesfamilyfarms.com

璀璨過聖誕

北國的隆冬，晝短夜長，即便沒有雪景，少有陽光，人們心中仍然期盼著一些光明。於是各式的聖誕活動在沉悶的歲末嚴冬成為溫哥華市內最閃亮的活動。

爭奇鬥豔的5大聖誕燈飾

本那比

Illuminations at Heritage Christmas

從一進博物館大門，踏上跨過小溪的木橋開始，蜿蜒的燈串將帶領你進入懷舊的國度。整條舊街上的建築物透迤一路，或暗或明的閃耀。樹上的燈飾數量稱不上海量，但是襯在深黑藍的天空，配合園內上了年紀的建築物，卻有種剛剛好的華麗。

全身透光的擠牛奶少女優雅地漫步草地上

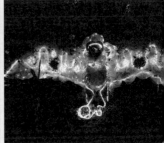
白日是老鷹造型植物，入夜後化身華麗的光鳥

史丹利公園

Bright Nights at Stanley Park

這個燈飾活動的特色就是一個字「高」。3百萬顆細細小小的燈像水鑽般，高高低低布滿枯樹的枝幹和枝椏，極像是從空中傾瀉而下的銀色瀑布。熱門的小火車在園區內繞行，一次看盡沿途亮晶晶的動物農莊、耶穌誕生的聖誕故事、以及整座燈飾花園的奇幻迷離。

史丹利公園聖誕燈飾裡逗趣的雪人群

史丹利公園超過一半的聖誕燈飾都是高高懸掛在半空中

溫東 **Trinity Street Christmas Light Festival**

　　每年 12 月初，Trinity Street 這條街上門號 2400 ～ 2900 號短短 900 公尺間住宅各式聖誕裝飾盡出，爭奇鬥豔。有薑餅人、雪人等單一主題的裝飾，更多的是既大又華麗的綜合性主題型，熱心的屋主打扮成聖誕老人，坐在雪橇上免費和前來湊熱鬧的小小孩拍照。

民宅主人親自扮演耶誕老人與前來觀賞的孩童合照

凡杜森植物園 **Festival of Lights**

　　優雅遼闊的植物園，12 月的夜間搖身一變，成為華麗的戶外夜店。100 萬顆燈泡妝點著樹叢、步道，白日單調的花圃，突然長出形形色色的花燈。此園聖誕燈飾最精采的節目，莫過於活石湖 (Livingstone Lake) 的水舞燈秀 (Dancing Lights)。數十萬顆燈泡妝點湖邊樹叢以及湖心小島，倒映在湖面上，優美一如夢境。

得到民眾票選第一名的聖誕燈飾民宅

花圃裡開出五顏六色的寶特瓶花朵

Trinity Street 是全溫哥華最有聖誕氣息的街區

華麗燈飾投影在湖面上，與岸邊璀璨的燈光交映成趣

聖保羅醫院 Lights of Hope

佇立在 Burrard Street 上，白天的 St. Paul's Hospital 是一座暗紅磚牆滾著白邊的維多利亞式老建築，11月底的入夜後搖身一變，化身為亮片綴身的豔星。使用了超過 10 公里的燈泡電線，近看華麗，過了馬路從對街遠眺則可以看到 3 種不同燈飾的風格排排站，互相輝映。

旅遊資訊

Illuminations at Heritage Christmas
http www.burnabyvillagemuseum.ca

Bright Nights at Stanley Park
http vancouver.ca/parks-recreation-culture/bright-nights-train.aspx

Trinity Street Christmas Light Festival
http www.facebook.com/pages/Trinity-Street-Christmas-Light-Festival

Festival of Lights
http www.vandusengarden.org

Lights of Hope
http www.helpstpauls.com/lights-of-hope

每一顆星星都是一位捐款的善心人士

不容錯過的薑餅屋巷

走近溫哥華市中心的君悅飯店，遠遠地從街頭就可以看到飯店 1 樓落地窗上畫上雪景，大大得書寫 Gingerbread Lane。每年聖誕時節，此飯店集合了專業糕餅師傅和一般民眾手作的薑餅屋，超過 30 座薑餅一棟接一棟連成薑餅屋巷，每年從 12 月初到 1 月 1 日，供人免費觀賞。

旅遊資訊

薑餅屋巷 Gingerbread Lane
✉ 溫哥華君悅飯店 (Hyatt Regency Hotel Vancouve) G55 Burrard Street. Vancouver BC V6C2R7

獲得頭獎的薑餅音樂鐘

薑餅屋巷入口的實寸薑餅屋和街鐘

歐洲鄉村風格的薑餅屋小鎮

超過40棵的繽紛聖誕樹林

裝飾得美侖美奐的聖誕樹不難尋找；但是要集合數十棵聖誕樹成林，讓人漫步在聖誕樹森林裡的地方就不多了……每年 12 月四季飯店在飯店 1 樓大廳立起一棵又一棵的聖誕樹，邀集企業和個人來贊助，為兒童醫院募款。近年來參與的聖誕樹超過 40 棵，把飯店大廳和相鄰的太平洋購物中心點綴成繽紛森林。

四季飯店大廳聖誕樹林

海底總動員聖誕樹版　　聖誕老人裝的聖誕樹　　星巴克創意聖誕樹　　太平洋購物中心的聖誕樹林

旅遊資訊

四季飯店聖誕樹嘉年華 Festival of Trees

✉ 四季飯店 (Four Seasons Hotel Vancouver) 791 W Georgia Street, Vancouver, BC V6C 2T4 🌐 www.bcchf.ca/events/event-calendar/festival-of-trees/vancouver

大人小孩都期待的聖誕遊行

12 月初的聖誕大遊行是全市小朋友最大的期待。不只是看到聖誕老人的雪橇，耶誕相關的人物一一亮相，將小禮物和糖果灑向路邊群眾，歡笑聲陣陣。每年都有超過 30 萬名觀眾擠進市中心，寒風中一張張期待的臉。遊行路線長達 1.8 公里，參與的團體將近 70 個，樂儀隊、唱詩班、童話人物等花車一一現身，幼童們騎在爸爸的肩頭，看得目不轉睛。

旅遊資訊

聖誕老人大遊行 Santa Clause Parade

✉ 溫哥華市中心 W Georgia Street 和 Howe Street 🌐 rogerssantaclausparade.com

除了聖誕老公公之外，最受歡迎的是機器人和太空船等主題花車

溫哥華的四季體驗

冰上初體驗

溫哥華秋冬季節寒凍，10 月到隔年 5 月的月平均溫度低於 10 度以下。即便下雪機率小、雪量不大，冰雪上的體育活動仍取代了春夏秋 3 個季節的各式戶外活動，而且讓人更熱血。

溫哥華滑雪勝地——惠斯勒

冬季活動以滑雪為首。不論大人小孩，雪杖在手，腳踩滑板，一路從高坡下俯衝下滑，暢快感不言而喻。距離溫哥華市約莫 2 小時車程外的惠斯勒 (Whistler) 黑梳山 (Blackcomb) 滑雪場，不僅雪道多達 200 道，雪道極長，雪質細密乾燥，被評比為全北美三大滑雪場，2010 年冬季奧運以及殘奧在此地舉辦。

除了是滑雪勝地，惠斯勒村落美食餐廳、個性小店群聚，是滑雪客最愛的觀光景點。從溫哥華機場或是溫哥華市中心都有專車來回惠斯勒雪場，不僅票價不高，也省了長途開車的奔波勞頓。

松雞山滑雪場

1 小時內就可以滑雪、踏雪的場地

不想跑太遠到惠斯勒滑雪的人，可以選擇北溫哥華市 2 處滑雪場，從溫哥華市出發約莫 30 ～ 40 分鐘內都可到達。松雞山雖然需要搭乘纜車才能抵達，但是距離溫市最近，從高山雪道俯瞰溫哥華市區，壯麗無限。黃柏山距離稍遠，但是一下車就直達雪場，是進出最方便的滑雪場。除了滑雪，黃柏山也是大溫地區最受歡迎的踩雪活動 (snowshoeing) 和雪地滑板 (snowtubing) 的熱門場地。

惠斯勒滑雪場

黃柏山滑雪場上圍著火爐取暖的滑雪客

乘坐吊車上山滑雪的年輕人

家庭、學生最愛的室內活動

溜冰則是溫哥華冬季室內最普遍的活動。小從幼兒連路都還沒走穩就已經穿上冰刀在冰上滑行、大至每年溫哥華冰上曲棍球 Canucks 球隊的成績左右全市居民的情緒，可見溜冰受歡迎程度。溫哥華市區內一共有 8 個溜冰場，皆是溫哥華公園局所管轄：3 個為全年營運，其餘則是從每年 10 月初到隔年 4 月開放。

溫哥華市中心的羅伯森廣場溜冰場是市民最喜愛的溜冰場，每年 11 月底到隔年 2 月底開放免費溜冰，最常見年輕情侶、學生結伴來此優游一個下午。不少旅客或是初學者也趁此機會，租了冰刀鞋，在冰上跌跌撞撞，歡呼尖叫此起彼落。

初學者使用輔助器學習溜冰

玩樂小撇步

使用頻率高，建議購買比較划算

不論是滑雪或是溜冰，滑雪板、護具和溜冰鞋都可以在滑雪場或是溜冰場租用。如果使用頻率高，當然購買比租用划算。精打細算的消費者通常會選在季末 (每年 3 ～ 5 月) 折扣期間下手；或是前往溫哥華西區 West 4th Avenue 的二手體育用品店選購，可以省下不少銀兩。

旅遊資訊

滑雪場資訊

惠斯勒黑梳山滑雪場 (Whistler Blackcomb)

✉ 4010 Whistler Way, Whistler, BC V0N 1B4

☎ (604) 935-3357

http www.whistler.com

松雞山滑雪場 (Grouse Mountain)

✉ 6400 Nancy Greene Way, North Vancouver, BC V7R 4K9

☎ (604) 980-9311

http www.grousemountain.com

黃柏山滑雪場 (Cypress Mountain)

✉ 6000 Cypress Bowl Rd, Vancouver, BC V0N 1G0

☎ (604) 926-5612

http cypressmountain.com

西摩山滑雪場 (Seymour Mountain)

✉ 1700 Mt Seymour Road, North Vancouver, BC V7G 1L3

☎ (604) 986-2261

http mountseymour.com

溜冰場資訊

溫哥華公園管理局

http vancouver.ca/parks-recreation-culture/ice-rinks.aspx

羅布森廣場溜冰場

✉ 800 Robson Street, Vancouver, BC V6Z 3B7

☎ (604) 209-8316

http www.robsonsquare.com

多元民族大融合

文化慶典

小義大利區的咖啡館林立、街頭大片的塗鴉牆色彩鮮豔。日本的文化慶典在遊民充斥的公園舉辦。印度光明節免費發送食物的慷慨程度絕對不亞於台灣的流水席⋯⋯各國的民俗嘉年華在溫哥華輪流上場。想認識溫哥華，就從熱鬧非凡的慶典開始！

聲勢浩大 義大利日

節慶小檔案

溫哥華義大利日
Italy Day on the Drive
✉ 介於 North Grandview Highway 與 Venables Street 之間的 Commercial Drive
🕐 每年 6 月中旬
http italianday.ca

溫哥華眾多不同國裔的慶典中,聲勢最浩大、人數參與最多的,首推溫哥華東區的義大利日。這個節慶每年 6 月中旬舉行,活動當天從中午 12 點到晚間 8 點。Commercial Drive 與 East 12th Avenue 路口前,透過警方架起的路障遠遠看去,人潮鑽動。各式各樣的攤位羅列 1.5 公里長的路旁,超過 6 萬個各種膚色的人穿梭其間,好不熱鬧。

既然是慶典,吃喝玩樂當然樣樣都有。不管是擺在街上的帳篷攤位裡,或是原來街邊的商店內,只要是和吃喝搭上關係的,無不大排長龍!各式各樣的披薩、義大利麵、漢堡、燒烤、甜點,冰淇淋甜筒等,飄著濃濃的義大利味。

驚喜連連的街頭即興Live

玩樂的項目在這樣的慶典禮更是少不得。在路邊鋪起人工草皮,人們就地玩起義式滾球 (Bocce)。音樂響起,一群人在眾多民眾圍觀下大方地跳起探戈、街舞。2 座大舞台以及數個小攤位上有各種現場演唱,到處可看到隨著音樂搖擺扭動的民眾。

義大利特色甜點 Sfogliatella

街頭即興表演也是不可少的,道具公司請人扮演羅馬武士,拿著木劍盾牌裝模作樣地互砍打鬥。另一處是街頭魔術師拿圍觀的眾人當道具,戲法爐火純青,逗得路人驚叫連連。草地上一個黑人雜耍正精采,頭上頂著雨傘,而雨傘上再頂著一個大陶瓷花盆正不斷翻轉;2 個穿著螢光緊身褲的男子當街踩著立地腳踏車,前方地上腳踏車頭盔倒放著,對路人吆喝。

各式燒烤是義大利日不可少的小吃

世界級跑車展示秀

　　交通工具可是義大利人引以為傲的產業。各年分的法拉利跑車在路邊一字排開讓人觀賞；飛雅特 (FIAT) 大陣仗地展示新舊款車種。Ducati 的重機也是吸睛的重點！不管是大男人還是小男孩，看到一部部黑亮的重機都會忍不住跨坐上去，感受一下公路上馳騁的威風。

　　想了解溫哥華的義大利人有多熱情，絕對不要錯過一年一度的義大利日。

Commercial Drive 上的義大利日
活動燈柱布旗

義大利經典
摩托車展示
在街頭

INFO
旅行玩家
知識站

藝術愛好者的小天地——小義大利區

Commercial Drive 的北段是 1940 年代以後，義大利移民聚集的區域。義大利人崇尚美食、愛好藝術的天性在此區域展現無遺——被義大利裔稱為 The Drive 的 Commercial Drive 上餐館、酒吧、咖啡館高密度地聚集；幾乎每個街角都有大型的壁畫，顏色多彩、意象豐富。街坊不少手工藝品店、特色家飾店陳售附近藝術家的作品；本區更是每年溫東藝術節的

舉辦重鎮。除了一年一度的義大利日吸引大批人潮前來，每當國際有重要足球賽事，小義大利區的餐廳、酒吧無不敞開大門、將電視音量開至最大，讓主人和賓客一起融入賽事，歡呼喝號聲在 The Drive 街上此起彼落。

Commercial Drive 街上古
羅馬風格的披薩店

小義大利區的街道隨處可
見美觀精緻的彩繪牆

眾神齊聚希臘日

節慶小檔案

溫哥華希臘日
Vancouver Greek Day
✉ 位於 MacDonald Street 和 Blenheim Street 之間的 West Broadway
🕐 每年 6 月
http www.greekday.com

　　在溫哥華的希臘族裔十分小眾，但文化影響舉足輕重。如果想體會希臘文化，走一趟溫哥華西區的小希臘區，吃吃希臘館子，買點希臘日庶民小吃，或是乾脆參加希臘日。每年 6 月中下旬在基斯藍諾區舉辦的希臘日 (Greek Day)，封街 700 公尺，車輛禁行，超過 10 萬人參與此盛會。道路兩側白色帳篷接踵相連，路中央擺上長桌，舞台搭起，張燈結綵，熱鬧一如眾神的慶典。

各式希臘道地燒烤任你選

　　小吃攤應該是希臘日的重點，活動現場幾乎每 10 公尺就有一家餐飲攤販。擺攤的商家從知名的連鎖店餐館 NU、老媽媽、歐吉桑掌廚的素人餐館、各式 BBQ 燒烤，到道地希臘風味小吃，大餐小食隨你挑選。

希臘民間主食 Gyro

　　攤位中除了希臘羊乳酪沙拉之外，最受歡迎的是肉類串烤。烤盤上滿滿的肉串肉排，香氣四溢；青澀的青少年擠在父執輩間翻烤肉串，儼然一副準備好繼承家業的模樣。烤得香噴噴的肉塊夾入烤餅內，捲起來的稱為 Gyro，夾入口袋餅內的叫作 Pita，兩者都是希臘平民餐點的代表。

希臘燒烤攤，清一色是由男人主廚

甜食控千萬別錯過的烤餅、造型餅乾

　　想吃甜的，如芭蕉葉一般大的烤餅，撒上了砂糖，淋了巧克力醬，一群人分食剛剛好。Broadway 路邊的糕餅店也來擺攤，造型餅乾襯墊在希臘藍白色餐紙上，十分美觀……不過甜度破表，怕甜的人入口前請三思。

超吸睛的希臘神話人物Cosplay

這樣的慶典少不了希臘神話裡的人物。打扮蛇魔女梅杜莎的女子應該會讓小孩噩夢連連；海神波賽頓若拿著三叉戟，像是減了肥的聖誕老人。連賣手工藝品的老闆頭上都要纏繞桂冠葉；更有人看準了賺錢的機會，除了推出猛男打扮成希臘武士吸睛，還準備了古希臘道具服供人裝扮拍照。

各種舞台上爺爺婆婆們身著傳統服飾，手牽手載歌載舞，就算一路走音也樂在其中。走一趟溫哥華希臘日，會發現希臘既熱情又可愛，你會脫口而出：It's not Greek to me anymore！（我一點也不陌生囉！）

希臘食物攤位　　　　　　　希臘媽媽們在舞台上表演傳統舞蹈

INFO
旅行玩家
知識站

希臘後裔的本部──小希臘區

第二次世界大戰後，不少希臘人逃離祖國，來到千里迢迢的加拿大西岸，如今的溫哥華基斯藍諾區就是他們落腳之處。小希臘區 (Greektown) 只是個俗稱，概述了當年希臘移民後裔群聚的地域，約莫是 West Broadway 與 Trutch Street 接壤一帶。雖然希臘人重要聚會的地點在幾公里外 Arbutus Street 上的聖喬治希臘教堂 (St. George's Greek Orthodox Cathedral)，小希臘這個城區的希臘餐廳、甜品店、麵包店林立，仍然是希臘後裔平日生活的大本營。希臘日活動在 2005 年首年在此舉辦，成為每年宣揚希臘文化的重要節慶。

希臘傳統甜點 Baklava

穿和服
體驗茶道

節慶小檔案

鮑威爾街嘉年華
Powell Street Festival
✉ 奧本海默公園
🕐 每年 8 月第一個週末
http www.powellstreetfestival.com

在大量亞裔移民居住的溫哥華，日裔曾是移民主流。但近數十年來，日裔的人口相對稀少而且行為作風低調。即便如此，日本文化還是深深地影響著北美的飲食文化。每年溫哥華市兩大慶典：4 月的「櫻花日本文化節」以及 8 月的「日本傳統民俗文化節」，是體驗日本文化的好時機。

本地的日本族群為了讓自身文化在異鄉也能源遠流長，1977 年起每年 8 月第一個週末，連續 2 天在溫哥華市中心東區的鮑威爾街 (Powell Street) 舉辦日本民俗慶典。30 多年來，「日本傳統民俗文化節」，就是外國人口中的「鮑威爾街嘉年華 (Powell Street Festival)」成了本地日裔加人最重要的文化節慶。

相撲旗高高豎立，是活動會場上最有日本味的一角

鮑威爾街嘉年華的海報

充滿傳統日式小吃的熱鬧市集

平日遊民群聚的奧本海默公園 (Oppenheimer Park)，活動期間被淨空，成為熱鬧的市集。最搶眼的是數支鯉魚旗豎立街邊，從那裡開始品嘗日式美食準沒錯。攤位上傳統的日本小吃衝擊你的味蕾：大阪燒、章魚燒、串燒、和菓子等等，一盤盤端出給客人享用。

不藏私的日本技藝展現

對日本的文化藝術有興趣的人，不妨逛逛現場的藝品攤位：Vancouver Buddhist Temple、Vancouver Japanese Language School 和 Japanese Hall 這 3 個會

館。除了民間手做的工藝品，諸如和風拖鞋、壓紙賀卡、陶杯等精緻可愛，一些平日較不常看到的民間技藝，如迷你盆景修剪、花道、茶道也現場實地操作，完全不藏私展現。

鮑威爾街嘉年華設置了孩童遊樂區，小朋友也能體驗日本文化

各種傳統與現代的表演節目

公園一角的廣場被規畫成舞台，表演節目輪流上演。傳統的太鼓、相撲、武術等表演一結束，觀眾的掌聲如雷響起。穿著和服的中年婦女跳起民族舞蹈來婀娜多姿；日裔第二、三代的年輕人身上完全聞不出日本味，在舞台上隨著西洋流行音樂跳起舞來，或是乾脆來首目前日本最流行的 J-Pop 音樂，奮不顧身地搖滾一番。

現場參加活動的穿戴傳統日式服飾婦女

豪邁的日式炭火烤魚

溫哥華裡的小東京——日本城

INFO
旅行玩家
知識站

溫哥華的「日本城」(Japantown) 是指溫哥市中心東方鮑威爾街附近的街區，有「小東京」、「小橫濱」之稱，是早期日本人移居溫哥華群聚的區域。1907 年一股溫哥華「排亞運動」從唐人街延燒到日本城，該區屋舍被破壞焚毀，災情慘重。災後日本移民大量出走，雖然第二次世界大戰結束後部分移民回流，但日本城已不復當年風采。該區內僅存 Vancouver Japanese Language School 和 Japanese Hall，以及 Oppenheimer Park 周圍街區部分建築物仍保有些許的日本味道。

溫哥華的文化慶典
歡慶
印度新年

節慶小檔案

溫哥華印度光明節
Vancouver Vaisakhi Parade
✉ 旁遮比市場 (溫哥華東區 East
49th Avenue 和 Main Street 路口)
🕐 每年 4 月中旬
http kdsross.com

　　光明節 (Vaisakhi Day) 是印度北方邦省的重要節日，除了是傳統的慶豐收節日之外，也是錫克教徒們紀念 Khalsa(經過洗禮後的錫克教徒信眾) 在 1699 年成立的日子，是印度最大的節慶。

街頭上有各種表演、遊行

　　溫哥華印度光明節在每年 4 月中下旬舉辦，地點在 East 49th Avenue 和 Main Street 路口的旁遮比市場街區 (Punjabi Market)。年年都超過 5 萬人參與，人潮綿延數十個路口。雖然來共襄盛舉的各種膚色的族裔都有，不乏金髮碧眼洋人，但印度臉孔還是占絕大多數。這天男人們頭上纏起大布圓盤，青少年綁了小包髻，女人穿上顏色鮮豔的傳統服飾，扶老攜幼，吃、喝、表演、遊行、政治演說等活動，全部在街頭熱鬧上演。

　　活動是以花車遊行為主軸，從 Ross Street Temple 教堂出發，沿著 Marine Drive、Main Street、East 49th Avenue 繞行一圈，最後回到教堂。花車是由大貨卡改裝，以各色布條、標語和口號裝飾，信眾們兩列端坐其上。手握彎刀的武士一臉肅穆，守護著花車，緩步前行。路邊搭起的舞台上不時傳來傳統樂器演奏，搭配數個大鬍子男人逼著嗓子唱著的歌，南亞氣氛十足。

跟隨花車的威武印度彪形大漢　　遊行行列裡大貨車改裝的花車訴求政治、宗教等不同主題

婦女在街邊烹煮食物

慷慨分配食物飲料給現場的遊客

逛累了，穿著印度傳統服飾的婦女在路邊休息

印度孩童裝扮武士當街刀劍相向演出

印度版的南亞風流水席

最讓遊客驚奇的是，這光明節像是印度版的流水席。路旁帳篷接踵連天，帳篷前領取食物的人大排長龍、人潮川流不息。食物或飲料都是一般的民眾、公司行號、企業團體或公益單位所準備，任意隨人取用，人人可以免費吃到飽。食物主要有四大類：油炸麵包類、咖哩飯、甜點以及水果。幾乎所有的食物都搭配了咖哩以及南亞香料，連水果沙拉也不例外；印度甜品的味道只有一個字：甜！以傳統炸甜餅 Jalebi 為例，除了甜味，很難嘗出其他味道。

甜點 Jalebi

足以媲美媽祖遶境的萬人空巷

約莫 4 時許，喧嘩的群眾瞬間散去，留下滿地垃圾……難以想像 1 個鐘頭前同一個的地點還是萬人空巷。5 萬人齊聚街頭還不算是規模最大的；溫哥華鄰近城市素里的光明節，每年參加的人數高達 20 萬人！看來只有台灣大甲媽祖遶境的盛大行列可以與之並駕齊驅了。

旁遮比市場——小印度區

INFO
旅行玩家
知識站

100 多年前印度移民來到溫哥華，居所遍布城市各區域，大部分從事木材貿易以及蓋房屋的行業。一直要到 1970 年代，溫哥華市南區的旁遮比市場才漸漸成為印度人群聚之地。名為市場，其實是 6 條街的商圈，印度餐廳、服飾、珠寶、雜貨等店家比鄰而開，遠離溫哥華市中心，自成一格。Ross Street Temple 教堂是該區的宗教中心。除了 4 月的光明節，每年 11月 Vancouver Celebrates Diwali Festival 也在此地舉辦，熱鬧慶祝印度的新年。

旁遮比市場區的燈柱布旗

賣首飾的攤販　　印度傳統女性服飾店

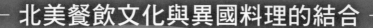

北美餐飲文化與異國料理的結合

美食饗宴

「西北海岸 (West Coast)」是溫哥華知名海鮮料理的代名詞。各移民族裔從家鄉帶來的美食，讓味蕾不必環遊世界也可以吃到各國美味；烘焙咖啡、行動餐車、公眾市場小吃等，更是溫哥華市民引以為傲的飲食文化。

溫哥華的美食饗宴
溫哥華美食節

每年1月底至2月初，溫哥華整個城市突然飢餓了起來。饕客們摩拳擦掌，餐廳主廚們磨刀霍霍，媒體天天報導，就是為了一年一度的美食盛宴——溫哥華美食節 (Dine Out Vancouver Festival)。

名家參與
溫哥華美食節的菜單

秒殺！17天超值3道式套餐

為了活化溫哥華美食經濟，鼓勵市民上館子消費，溫哥華旅遊局在2003年發起這個活動。規則很簡單：活動期間，市內不論平價或高檔餐廳，可以自行提出套餐選擇，以單一價格吸引顧客上門。

短短17天的活動中，參與的餐廳都使出渾身解數，推出自認最超值的3道式套餐 (Three Courses)。含有前菜、主餐、甜點的套餐，雖因餐廳等級不同，但只有4種固定的價位：$15、$25、$35 和 $45。顧客可根據自己的預算，從300家左右的餐廳中，挑選日期、時間、不同國別的美食，輕鬆地在美食節網站上選日訂位，省去打電話或是現場排隊的麻煩。平日高不可攀的餐廳，頓時成為搶手貨，網上訂位幾乎秒殺！

參加的餐廳從第一屆的57家餐廳，增加到近年的300家餐廳。10多年來參與人數屢創新高，近年來每年吸引超過25萬人前來享用美食，連外國人都慕名前來。

各式主菜

除了推銷溫哥華的美食之外，主辦單位幫外來客人挑選了20多家優質旅館，提供優惠價格供你入住。一樣是3種價格：加幣 $78、$108、$138，旅客依據口袋深淺來決定入住豪華或是平價的飯店。

各種三道餐裡的前菜　　各式甜點

手工創意啤酒大本營

　　美食當前，豈可少卻醇酒？每家餐館的菜單上一律列出搭配食物的紅白酒品，供人參考。溫哥華本身就是個手工創意啤酒的大本營，而省內歐肯納根河谷 (Okanagan Valley) 更有「北方納帕河谷」之稱，在葡萄酒界小有知名度。美食節同時舉辦數場品酒會，品酒活動中當地或各國進口的酒類讓人眼花撩亂，參加活動的饕客人手一杯，沉浸酒神天地。

20部街邊餐車任你選

　　除了上館子，美食節還有 30 多種系列活動可參加。若不想正經八百坐在餐廳裡吃飯，不妨逛逛餐車城市 (Street Food City)。中午時分，來到市中心美術館北面的廣場，超過 20 部各式餐點的餐車供你選擇。從最大眾化的熱狗到印式風味的印度炸餅 (Samosa)；從熱騰騰的現烤披薩到手工冰淇淋，最多元化的街邊美食一次享盡。

　　無獨有偶，白石 (White Rock) 這個鄰近溫哥華的城市也在同一時間舉辦美食節「Taste White Rock」，發揚白石鎮的美食文化。和溫哥華美食節相似，參與的餐廳也推出 3 道式套餐，價錢是 $15 ～ 50 不等。單價與溫哥華美食節差不多，餐廳參與數只有 20 家左右，臨海小鎮的這個活動小而美，不少其他城鎮居民大老遠前往赴約。

旅遊資訊

溫哥華美食節
Dine Out Vancouver Festival
Ⓒ 每年 1 月底至 2 月初
http www.dineoutvancouver.com

白石美食節 Taste White Rock
Ⓒ 每年 1 月下旬到 2 月初
http www.tastewhiterock.com

漫步咖啡之都

> 美國報紙《USA Today》選出了全世界 10 大咖啡城市，人口只有 60 萬的溫哥華榮登榜上。在這個瀰漫咖啡香氣的城市，咖啡文化不是由大型連鎖咖啡館引進，而是由崇尚小量、手工烘焙咖啡豆的個性咖啡館堆砌而成。

溫哥華的咖啡館大體上分為幾種類型：

1. 大型連鎖咖啡館： 諸如外來的星巴克、本土的 Waves、Blenz、Caffe Artigiano 等，一致的招牌、制式化的服務，以及無論如何都不會出差錯的咖啡味道。

2. 本土連鎖咖啡館： 以 49th Parallel、JJ Bean、Matchstick 等為代表。老闆們精選來自各地的咖啡豆，獨家烘焙技術加持，再加上咖啡館裝修品味不凡，成為時尚追求者的最愛。

3. 精品咖啡館： 以 Revolver、Platform 7、Pallet 等咖啡館最知名。這些咖啡館提供多種沖泡咖啡方式，不論是義式、虹吸式、法式壓濾、摩卡壺、手沖咖啡等，看咖啡師熟練的手法優雅地沖泡煮製，是好味道咖啡之外的收穫。

JJ Bean Coffee Roasters

Neate 家族在溫哥華從事咖啡豆烘焙已經歷 4 個世代。1996 年家族成員 John Neate Jr. 在 Granville Island 公眾市場開設第一家 JJ Bean 咖啡館，至今已開設了 20 多家分店，甚至落腳加拿大東岸的多

極具自然風格的 JJ Bean 咖啡館

倫多。JJ Bean 每一家分店裝潢風格各異，但因為堅持每日少量烘焙，因此咖啡品質始終如一。除了咖啡之外，該店的糕點味道不輸五星級飯店，極力推薦分量大的各式馬芬蛋糕，天天在店裡烤製，內餡豐富，新鮮可口。

Matchstick Roasters

寬敞舒適的 Matchstick Coffee 帶動唐人街咖啡文化

不論你走進哪一家 Matchstick，都有著高挑天花板的空間、原木搭配潔白磁磚的極簡風格，雅痞的味道擄掠了溫哥華中產階級的心。店裡飄揚著店主精挑細選的藍調音樂，咖啡館裡的人們不是專注於電腦螢幕就是手持一本書，顧客就像融入簡潔的空間畫作般一動也不動。來到 Matchstick，點一杯拿鐵，搭配現場烘焙的杏仁巧克力可頌，享受屬於自己的一個下午。

Prado Café

2004 發源於溫哥華小義大利區，2011 年由溫哥華咖啡拉花大師 Sammy Piccolo 接手經營，Prado 褪去家族經營的桎梏，脫胎換骨成為時尚的咖啡館。在咖啡大師老闆的嚴格訓練下，員工們精湛的拉花已是基本技巧，加上 49th Parallel 高品質的咖啡豆、每一家分店的

位於 Gastown 附近的 Prado 有著美麗的綠色落地窗景

濃厚義大利咖啡館氣氛，Prado 已經成為溫哥華街頭最美的咖啡館之一。

Timbertrain Coffee Roasters

要尋訪這間位於 Gastown 的咖啡館其實不困難。來到溫東 West Cordova Street，張大眼睛，找尋巨大黑框玻璃窗上那個半片巨大的火車頭圖像便是。咖啡館不大，空間極其簡單，挑高的空間裡左側是加了頂蓋的車廂。一些細微處

看到玻璃窗上半顆火車頭，就知道 Timbertrain 咖啡館到了

妝點車站的氛圍，像是座位邊的溫黃玻璃燈、類時刻表的點餐看板等。

Timbertrain 引以為自豪的是咖啡豆。豆子的烘焙廠開在 1 小時車程外的 Langley，每日烘焙，確保新鮮。店裡提供義式咖啡，但若想嘗嘗他們的手藝，點杯手沖咖啡才是王道。

Platform 7 Coffee Brew Bar

從外觀看，誰也不知道這家咖啡館裡藏著一座維多利亞時代的舊火車站月台。Platform 7 的路標高舉，望向候車的月台。黝黑的鑄鐵遮棚撐起一室空間，

不論是哪家 Platform 7 咖啡館，透著天光的火車月台是標準的室內裝潢

陽光透過藍天撒下。一只圓鐘滴答走著，復古吊燈沿著吧檯垂墜，不見往來旅客，但見人們坐在月台候車椅上飲安靜地翻著書，敲打鍵盤，久久才拿起咖啡杯小啜一口。

Platform 7 的咖啡豆採用的是來自美國奧勒岡州的咖啡品牌 Stumptown，甜點倒是非常在地化，與溫哥華文青甜甜圈店 Cartems 合作，精緻口感的確是 Platform 7 咖啡的好伴侶。

旅遊資訊

JJ Bean Coffee Roasters
http jjbeancoffee.com

Matchsticks Coffee Roasters
http matchstickyvr.com

Prado Café
http www.pradocafe.co

Timbertrain Coffee Roaster
http www.timbertraincoffeeroasters.com

Platform 7 Coffee Brew Bar
http platform7coffee.com

如何分辨 Bistro、Café、Coffee House 3 種簡餐廳

INFO
旅行玩家
知識站

很多人把 Bistro、Café 和 Coffee House，3 種都販售咖啡的館子搞混。在北美，這 3 種類型的餐館定義很不同：

Bistro：這個餐廳類型的名字來自法國巴黎，指的是中等價位的小餐館。既然收費不高，食物通常是簡餐 (至少不是 fine restaurant 那樣高檔)，而且餐廳裝潢也屬一般。雖然提供簡單的餐點，但都是餐廳裡烹調，和一般的以簡餐包加熱的餐廳和速食店有所區隔。

Café：或作 Caffe，此類餐廳雖然也提供咖啡，但多指的是提供熱食或是現做三明治，甚至還提供酒精類飲料的館子。有時也被拿來稱呼飯店附設餐館。不過在部分國家和地區，Café 偶爾會被拿來和 Bistro、Coffee House 混用。

Coffee House：或作 Coffee Shop，是以咖啡或茶等飲料為主的店家。通常提供簡單的現成三明治、糕點或是餅乾。如果老闆自己烘焙咖啡豆，強調自身咖啡品質，在店名後面會加上 Roasters 以公告大眾。北美的 Coffee House 的社交性質較強，顧客把咖啡館當作自己家客廳，和朋友聊天談事情，或是獨處閱讀、寫作，甚至上網打發時間。

溫哥華的美食饗宴
街頭行動餐車

約莫 10 年前，溫哥華街頭餐車只有熱狗和堅果攤 2 種選擇。2010 年溫哥華市政府放鬆餐車的申請條例，頓時各國美食爭先恐後出籠。時至今日，餐車已成為溫哥華餐飲文化的一環，不僅常駐街頭，更出現在大型演唱會、農夫市集、甚至是學校畢業典禮。

餐車提供什麼食物？從早餐、正餐、點心到飲料，幾乎都包辦了。論食物種類，從亞洲橫跨歐洲路經南美回到北美，烤肉串、捲餅、炒麵、牛排、可麗餅、冰淇淋等鹹甜口味都有。

超夯日式熱狗，連影視名人都愛吃

如果要舉出幾個知名的餐車，第一名絕對是 Japadog。這家頂著巨大紅色陽傘，以街邊攤販起家的日式熱狗店，短短數年間發展成為攤販大亨，在大溫地區已經開設 11 個據點(7 個攤位、2 部餐車以及 2 家餐廳)，同時進軍美國市場。

Japadog 有什麼樣的魔力，擄獲溫哥華人的味蕾？熱狗麵包裡夾的不是美式原味熱狗，而是充滿各種日式元素的醬料，大阪燒、日式照燒、味噌、神戶和牛、炸蝦甜不辣等超過 20 種奇特口味的熱狗熱騰騰出爐。視覺、味覺都充滿和風想像力，大大顛覆傳統的熱狗概念。攤位上掛滿顧客合照的相片，許多影視名人也是它的愛好者。平均單價加幣 $8 ～ $10，硬是比其他街頭熱狗攤販高出 20%，仍阻擋不了日式熱狗風潮的蔓延。

Japadog 的攤位很有紐約熱狗攤的味道

Japadog 的熱狗麵包

加入他們的社群，就能立即追蹤動向

　　至於其他的餐車，例如以甜菜心薯塊聞名的 Le Tigre、Mom's Grilled Cheese 的美式漢堡或是印度美食 Vij's Railway Express 等，也絕對值得繞著溫哥華市一一逐家嘗試。一般餐車都是居無定所，不定期出現在城市某些固定的街邊。最省時的方法就是上各餐車的 Facebook 或是 Twitter 去追蹤他們的動向。

一次滿足多種口味的溫哥華餐車節

　　如果你有興趣，不妨前往大溫哥華地區的餐車節，把各個餐車一次一網打盡。每年 4 ～ 6 月，每個週末餐車們依照行程表前往各個城市的大型公園或是綠地聚集，形成餐車聚落，現場超過 20 輛流動餐車服務前來的饕客。除了一次嘗盡多種滋味，聆聽現場音樂表演，或是找塊綠地鋪上地席野餐，夏日午後悠閒無比。

可麗餅餐車很有法國風格

上班族排隊購買餐車食物當中餐

造型可愛的傳統熱狗攤

Mom's Grilled Cheese 的三明治很受歡迎

旅遊資訊

大溫哥華餐車節
Great Vancouver Food Truck Festival
✉ 大溫哥華地區 7 個城市
🕐 4 ～ 6 月，週日 12:00 ～ 17:00
💲 免費
🌐 greatervanfoodtruckfest.com

Japadog Robson Street 本店
✉ 530 Robson Street, Vancouver, BC V6B 27B
📞 (604)569-1158
🕐 週一～日 11:00 ～ 20:00
💲 約莫 $7 ～ 10 ／份
➡ 搭乘公車 #4 #6 #7 在 Seymour Street 路上的 Robson Street 下車，右轉 Robson Street 前行 90 公尺即到達
🌐 www.japadog.com

溫哥華的美食饗宴
絕美景觀餐廳

正宗的西北海岸
海鮮料理

在一家餐廳用餐，當聽覺、味覺、嗅覺都完全滿足，視覺就成了完美用餐經驗的最後一哩路。蒼綠的山巔、無邊的海景，甚或是輝煌如繁星的城市夜景，都是美食的最佳佐料。

格蘭佛島 The Sandbar Restaurant

　　想找家好餐廳吃海鮮，The Sandbar 是不錯的選擇。餐廳位於市集的 2 樓，可俯瞰福溪，而對岸是高樓林立的溫哥華市中心，景觀極佳。

　　店內裝潢以木頭打造，一艘船高懸在半空，海洋元素處處可見。餐廳以海鮮聞名，當地的魚、蝦、蟹料理極為新鮮。若是貝類料理的愛好者，不要錯過每日下午 3 ～ 6 點的淡菜搭啤酒的套餐 Mussel Mania。

Sandbar 的海鮮十分新鮮可口

餐廳空間大到可以容納一艘船

廠房改裝的 Sandbar 餐廳

Boathouse 餐廳的海景有山有沙灘，十分有層次

基斯藍諾區 The Boathouse Restaurant

每年 6 月起，溫哥華西區基斯藍諾海灘上總是擠滿日光浴的民眾。巨大的原木亂中有序地散布在沙灘上，是最天然的座椅。仲夏的夜裡，這個沙灘更是欣賞溫哥華國際煙火節絕佳的地點。

獨立在基斯藍諾海灘邊的
Boathouse 餐廳

海灘旁兩層樓高的 Boathouse 將美景盡收眼底。雖是連鎖餐廳，提供海鮮、牛排、義大利麵等的典型西式餐點，卻能擁有一股獨特的優雅風格。無論三餐或午後賞景的下午茶，萬頃碧波一望無際，像坐在畫裡。

費爾幽／南格蘭佛街區 Seasons in the Park Restaurant

位於伊莉莎白女王公園的山腰，Seasons 是家氣質優雅的餐廳。餐廳俯瞰整座花園，另一角落則遠眺溫哥華市區，不論寒暑都有著極佳的景致。裝潢為北美古典簡約風，服務生親切有禮；座中來賓不是白領上班族，就是退休的銀髮族，用餐時間除了刀叉用餐聲響，餐廳內流動著安詳的氣氛。菜肴為太平洋西北岸菜系，主要為海鮮料理。蒸淡菜、香煎黑鱈魚或鮭魚新鮮可口，都是菜單上人氣極高的餐點。

Seasons 餐廳窗外的景致

幽靜的 Seasons 餐廳入口

Restaurant
景觀餐廳

The Sandbar Restaurant
✉ 1535 Johnston Street, Vancouver, BC V6H 3R9
☎ (604) 669-9030
🕐 週一〜四 11:30 〜 22:00，週五 11:30 〜 23:00，週六 11:00 〜 23:30，週日 11:00 〜 22:00
💲 約莫 $25 〜 40 ／人
➡ 搭乘 #050 公車在 West 2nd Ave 上的 Anderson Street 站下車，沿著 Anderson Street 進入格蘭佛島
🌐 www.vancouverdine.com/sandbar

The Boathouse Restaurant
✉ 1305 Arbutus St, Vancouver, BC V6J 5N2
☎ (604)738-5487
🕐 週一〜四 11:00 〜 21:30，週五 11:00 〜 22:30，週六 10:00 〜 22:30，週日 10:00 〜 22:00，早午餐：週六〜日 10:00 〜 14:00
💲 約莫 $25 ／人
🌐 boathouserestaurants.ca

Seasons in the Park Restaurant
✉ 伊莉莎白女王公園山坡上，West 33rd Avenue 和 Cambie Street 路口
☎ (604)874-8008
💲 約莫 $30 〜 40 ／人
🕐 週一〜六 11:30 〜 22:00，週日 10:30 〜 22:00
➡ 搭乘 SkyTrain Canada Line 在 King Edward 站出站後右轉沿 Cambie Street 向南，抵達 West 29th Avenue 後方綠地即是公園。搭乘公車 #15 在 Cambie Street 上的 West 33rd Avenue 站下車，左轉 West 33rd Avenue 即是公園入口
🌐 www.vancouverdine.com/seasons-park

Bridges Restaurant
✉ 1696 Duranleau Street Vancouver, BC V6H 3S4
☎ (604)687-4400
🕐 1 樓 Bistro：11:00 〜 21:00，1 樓 Pub：11:00 〜 00:00，2 樓餐廳：17:30 〜 00: 00
🚫 12/23 〜 12/25
💲 Bistro、Pub：約莫 $25 ／人，2 樓餐廳：約莫 $45 ／人
🌐 www.bridgesrestaurant.com

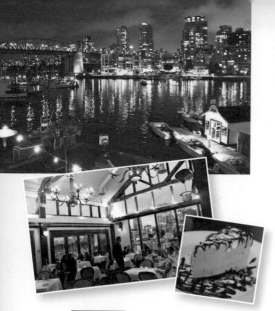

格蘭佛島
Bridges Restaurant

　　格蘭佛島的 Bridges 不是橋，而是一家餐廳，原是工業時期遺留下來的建築，改裝後成為格蘭佛島上最鮮豔的建築。

　　位於這河中小半島的最西端，Bridges 三面環水，遠眺史丹利公園，近處隔著福溪與溫哥華市中心相鄰。兩座跨河大橋一前一後彷彿左右護法，卻是天黑後夜景浮光掠影的來源。

　　有兩種方式享用 Bridges 的美景：一是慵懶地癱坐在 1 樓的 Bistro & Pub，點一片披薩，來杯啤酒，在戶外甲板上享受海風月光；二是情侶們可上 2 樓雅致的高檔餐區，絕對是浪漫滿屋。挑高的空間有著 1920 年代典雅的裝飾風格，室內銀燭台的光火呼應窗外城市萬盞燈燦。

溫哥華的美食饗宴
市場平民美食

相較於在一般超市只能採購生鮮、日常用品，溫哥華公眾市場不但可以買、用餐，還可以看表演、逛街、和朋友閒聊、喝咖啡……簡單來說，公眾市場是個過生活的地方。

溫哥華都會區各個城市都有其公眾市場。其中要以溫哥華市格蘭佛島公眾市場最為出名。這個公眾市場聲名遠播的原因有三：面積最大、位置最精華、景觀無敵。到底格蘭佛島裡的公眾市場到底有哪些好買好玩的攤位？

公眾市場入口招牌

新鮮蔬果、多種肉串、陳年起司

先來看看生鮮食品。走進市場，眼睛會被紅橙黃綠的水果攤塞滿。攤販們作秀般堆疊著各式的水果，不同季節的水果蔬菜輪番上演，絕對可以在這裡找到當季最新鮮的蔬果。

雞、豬、牛等鮮肉切成大小劃一，串好的肉串形狀統一，個個就像藝術品般擺設在玻璃櫃裡；火腿香腸等種類之多，就算一天吃一種應該也要一、兩個月才能嘗完各種味道。

Dussa's Ham & Chesse 專賣店裡起司以各種形態現身，哪怕是要陳年發霉的還是新鮮發酵好的，不論是要鳳梨口味的還是加入辣椒的，你的舌頭一定會被滿足。

格蘭佛島公眾市場的水果攤

公眾市場肉鋪

專人深入導覽公眾市場

如果想要更有效率且深入了解公眾市場，不妨參加當地的美食導覽團 (Vancouver Foodie Tours)。在專人的帶領和解說下，短短 2 個小時，逛遍更吃遍公眾市場內各大火紅的攤位。

愛好輕食甜點的享食天堂

只想來個輕食？溫哥華人投票第一名的烘焙麵包店 Terra Breads，在這裡引誘愛好糕點的美食家，它的整顆新鮮葡萄麵包不容錯過。Struart's 的蛋糕甜點在冰櫃裡相連到天邊，總是市場裡最搶眼也最肥美的風景。Ta's Chocolate 櫥窗裡的巧克力雕塑超級吸睛，復活節時的大兔子或是現在剛從冬眠裡醒來的熊，都會在櫃檯上向你招手。來個甜甜圈名店 Lee's Donut 的招牌南瓜派口味甜甜圈，保證你腰帶漸寬終不悔！

上百種茶葉、有機咖啡任你喝

口渴了，茶葉專賣店 Granville Tea Company 上百種茶品任你試喝；溫哥華咖啡名店 JJ Bean 發源的第一家店就在這裡飄著咖啡香。買杯有機咖啡精品店 Petit Ami Coffee 的咖啡，或是來一杯 Blue Parrot Coffee 的拿鐵，坐在街頭藝人歌聲飄揚的碼頭甲板上細數往來福溪上的水上小巴，是偷得浮生半日閒的絕佳方法。

旅遊資訊

格蘭佛島公眾市場
Public Market at Granville Island
✉ 1661 Duranleau Street, Vancouver BC V6H 3S3
☎ (604)666-6655
🕐 週一～日 09:00 ～ 19:00
🌐 granvilleisland.com

Vancouver Foodie Tours
(Granville Island Market Tour)
☎ (604)569-1158
🕐 週一～日，每日一場 10:30 ～ 12:30
💲 $65 ℹ 英語導覽，需事先預約
🌐 foodietours.ca

公眾市場的小吃街

精采逗趣的解說

海鷗在公眾市場外的河邊等待人們餵食

Sturat's 烘焙坊的糕餅種類多、樣式誘人

溫哥華的美食饗宴
精釀啤酒文化巡禮

2017 年美國《Vogue》雜誌把溫哥華被列為北美手工精釀啤酒之都,讓溫市的啤酒名揚海內外。近年來溫哥華的啤酒市場蓬勃,百花齊放,這得歸功於卑詩省法規的改變。

2013 年以前,政府明令禁止啤酒廠在自身廠區範圍內設立酒吧、餐廳以及販售啤酒,大大地限制了該產業的發展。2013 年起政策大鬆綁,小型啤酒釀製廠開設品酒室的禁令一夕解除,附帶品酒室的中小型啤酒廠如雨後春筍般出現。

啤酒廠多集中於市內的快樂山區 (Mount Pleasant),依次向周圍輻射,從溫哥華東區到市中心,有大約 60 多家風格各異的精釀啤酒廠。福溪流經快樂山區,是早年釀酒廠取水之處,因此該區有著「溫哥華酵母」之稱。

與大型啤酒廠相比,這些規模較小、生產數量有限的釀酒廠呈現多樣風格,啤酒口感繽紛奇特,搭配各家餐廳主廚精湛的手藝,早已成為溫哥華人用餐、休閒的好去處。

精釀啤酒廠外觀像是文青咖啡館

33 Acres Brewing Company

位於快樂山區的小型啤酒釀製廠,品酒區裝潢簡潔、現代、明亮,有著自家後院般的溫馨舒適。品牌標誌和啤酒包裝走的是極簡風格,呈現釀酒廠主人的細膩特質。推薦品嘗 33 Acres of Ocean;33 Acres of

少了喧嘩氣息,33 Acres 有著清爽簡單的氛圍

Sunshine、Date Shake Ale 和 Black Currant Session Saison 等水果風味的啤酒則是適合追求新奇口味的人。該品酒區也提供沙拉、三明治、披薩等輕食,適合用餐時段佐啤酒填飽肚子。

✉ 15 W 8th Avenue, Vancouver, BC V5Y 1M8
☎ (604) 620-4589
http 33acresbrewing.com

Parallel 49 Brewing

Parallel 49 Brewing 是溫哥華精釀啤酒早期的開拓者之一。位於溫哥華市區以北的工業區,Parallel 49 Brewing 白灰相間的建築顯得十分突出,數十個露天座位、巨大的厚實木頭長桌、放入一輛色彩繽紛塗鴉餐車的 Street Kitchen 是釀酒廠熱鬧無比的來源。該餐廳的啤酒口味多到令人眼花撩亂,絕對是啤酒獵奇者的天堂。不妨呼朋引伴,點杯焦糖風味的紅色艾爾啤酒 (Ruby's Tear),或是經典拉格啤酒 (Craft Lager),搭配一份墨西哥玉米餅,與好友消磨一個下午。

✉ 1950 Triumph Street, Vancouver, BC V5L 1K5 ☎ (604) 558-2739
http parallel49brewing.com

墨西哥玉米餅是啤酒的好搭檔

Parallel 49 釀酒廠把自家品牌融入 3 層樓高的門面

把餐車內建在啤酒餐廳是 Parallel 49 的特色

Granville Island Brewing

和台灣啤酒之於台灣一樣，Granville Island Beers 是溫哥華啤酒的代表。雖然大溫地區酒類專賣店都可以買得到，但是想喝到最新鮮、現釀的啤酒，就非得走一遭該釀酒廠位於 Granville Island 的啤酒餐廳了。

這個原木裝修的餐廳人聲永遠鼎沸。建議點一份 Taster Map，一次體驗 7 種

不同風味的啤酒。餐廳一側隔著大片落地玻璃就是釀酒現場，工人奮力地在大酒桶裡攪拌啤酒花。如果對於釀製啤酒的過程有興趣，不妨向櫃檯預約，來套完整的釀酒之旅參觀。

✉ 1441 Cartwright St, Vancouver, BC V6H 3R7 ☎ (604) 687-2739
🌐 www.gib.ca

釀酒師傅正賣力攪拌啤酒花

溫哥華啤酒品嘗團行程

如果想一次品嘗多家溫哥華精釀啤酒，最快的方式就是參加一年一度，5 月底舉辦的溫哥華啤酒節 (Vancouver Craft Beer Week)。若無法參加啤酒節，不妨參加當地的啤酒品嘗團。這類行程通常提供酒廠之間的交通接送、安排 4 ～ 6 家啤酒廠，在每家啤酒廠提供 3 ～ 4 種不同風味的啤酒供遊客品嘗。參加此類行程的優點是：短時間內有效率品嘗不同酒廠的精釀啤酒、可參觀啤酒廠釀製過程、專人詳盡解說，而且沒有遊客自駕帶來的酒駕問題。缺點是：目前只有英文行程，適合語言能力較佳者參加。

溫哥華啤酒節
Vancouver Craft Beer Week

✉ Pacific National Exhibition
🕐 每年 5 月底至 6 月初
🌐 vancouvercraftbeerweek.com/

Craft Beer Tours

✉ 2768 Cranberry Drive #202, Vancouver, BC V6K 4T9
☎ (778) 320-3409
🌐 craftbeertours.ca

Vancouver Brewery Tours

✉ 601 W Cordova Street, Vancouver, BC V6B1G1
☎ (604) 318-2280
🌐 vancouverbrewerytours.com

Red Truck Beer Company

　　3層樓高的釀酒漏斗後是純白色建築，一部光可鑑人的紅色的復古卡車停在門口，戶外用餐區撐起一朵朵紅色的陽傘，人聲在傘下鼎沸。還沒走近，啤酒香氣遠遠飄來，這就是 Red Truck Beer Company 於東區二街上開設的啤酒工廠 Truck Stop Diner。

　　走進這家啤酒餐廳，長長的啤酒櫃台後是明亮巨大的釀酒廠，牆壁菜單密密麻麻列出餐點名稱。如果有興趣，不妨點一杯經常在世界啤酒競賽中得到金牌的拉格啤酒 Road Trip Classic Lager，感受以加拿大大麥釀製的德國啤酒風味。

一套 4 杯不同風味的啤酒是最受歡迎的品項

✉ 295 E 1st Ave, Vancouver, BC V5T 1A7
☎ (604) 682-4733
http redtruckbeer.com

INFO
旅行玩家
知識站

何謂精釀啤酒？

「精釀啤酒」或稱「工藝啤酒」，來自英文「Craft Beer」，有別於工業製造啤酒 (Industry Beer)，不同之處在於獨特性以及啤酒釀製的過程。

傳統的工業啤酒為了符合大眾口味、製造成本考量，以及快速商業化的目的，皆以大批量生產，導致較缺乏個性，啤酒口味流於通俗化。精釀啤酒的崛起便是為了打破這個窠臼，體現釀酒廠的自有風格。

根據美國釀酒師協會 (Brewer Association) 的定義，精釀啤酒的釀製廠須符合以下三大原則：

小量釀造： 每年啤酒產量不得超過 600 萬桶。

獨立經營： 非酒廠的股權方占比不得超過 25%，確保釀酒廠擁有經營決策。

依循傳統： 即便加入釀酒師的創意，釀酒過程仍需因循傳統啤酒釀造方式進行。

規模較大的精釀啤酒廠同時供應數十種啤酒口味

參加塗鴉節的 Red Truck 精釀啤酒廠

Area Guide

分區導覽

隨著城市的發展以及各種不同族裔的落地生根，造就了溫哥華城市裡眾多各具特色的區域。不管是煤港的高級住宅區、有如紐約 SOHO 區藝術家群集的格蘭佛島，甚或是浴火重生中的唐人街，我們一起城市散步，貼近遊賞溫哥華。

溫哥華市

01 市中心 / 煤港 …………… 82

02 西尾區 …………… 96

03 煤氣鎮 …………… 102

04 唐人街 …………… 110

05 耶魯鎮 …………… 118

06 史丹利公園 …………… 126

07 格蘭佛島 …………… 132

08 費爾幽 / 南格蘭佛街區 140

09 基斯藍諾區 …………… 152

10 UBC 英屬哥倫比亞大學 160

11 緬街 …………… 168

鄰近城市

12 維多利亞市 …………… 174

13 北岸都市 …………… 182

14 本那比 …………… 190

15 列治文 …………… 196

North Shore
北岸都市

Stanley Park
史丹利公園

Vancouver Harbour

English Bay

Downtown &
Coal Harbor
市中心 / 煤港

West End
西尾區

Gastown
煤氣鎮

Yaletown
耶魯鎮

Chinatown
唐人街

Granville Island
格蘭佛島

Burnaby
本那比

Kitsilano
基斯藍諾區

Fairview & South Granville
費爾幽 / 南格蘭佛街區

Main
Street
緬街

UBC, University of
British Columbia
UBC英屬
哥倫比亞大學

Victoria
維多利亞市

Richmond
列治文

溫哥華市分區地圖

市中心/煤港
Downtown & Coal Harbor

加拿大廣場水上飛機碼頭

區域範圍

溫哥華市中心約莫是 Carrel Street 以西、Burrard Street 以東、溫哥華港 (Vancouver Harbour) 以南、福溪 (False Creek) 以北的區域。其精華區落在 Robson Street、Burrard Street 與 Alberni Street 一帶。煤港則是在市中心以西臨海的區域，以 Burrard Street、West Georgia Street 和 Denman Street，3 條街圍起的區域。

交通對策

幾乎所有的市公車都會穿過溫哥華市中心。3 條 Sky Train 路線：Canada Line、Millennium Line 和 Expo Line 在市中心的 Waterfront 車站交會。

19 世紀中葉，溫哥華市中心在現今 Main Street 和 East Hasting 附近，絕大部分現今溫哥華市的土地，當年都屬於加拿大太平洋鐵路公司 (Canadian Pacific Railway，簡稱為 CPR)。原城市名稱為 Granville，為了吸引更多的人前來，CPR 將之改名為溫哥華。1886 年溫哥華正式設市，沒多久城市大火將絕大多數的建築焚毀於一旦。災後重建迅速，吸引大量外國人以及加拿大其他區域的移民。1986 年世界博覽會在溫哥華舉辦，城市再度迅速發展，溫哥華市中心高樓崢嶸，成為低陸平原 (Lower Mainland) 商業、金融、文化和娛樂中心。

溫哥華市中心被櫻花圍繞的現代玻璃帷幕大樓

顧名思義，煤港就是「產煤的港口」；但事實上煤港並不產煤。19 世紀中，英國探勘船在原住民居住的布洛德內灣南岸挖掘到煤礦，因此將此地取名為 Coal Harbour。不久後證明此地的煤礦產量不高，品質也無法符合蒸汽機使用。隨著溫哥華市經濟的繁榮，煤港地區在 1980 年代轉變成住宅區，臨海景觀的高樓如雨後春筍出現，時至今日，煤港已成為高級住宅區的代名詞。

市中心街頭的雕塑　顏色粉嫩鮮豔的 Pink Alley 成為網紅拍照熱點

市中心／煤港地圖

FlyOver Canada 飛越加拿大
Canada Place 加拿大廣場
Five Sails Restaurant
West Waterfront St
West Cordova St
Market by Jean-Georges
Bella Gelateria
Marine Building 海洋大樓
Miku Vancouver
Mink Chocolates Café
Waterfront Station
Burrard Station (Expo Line)
Sinclair Centre 辛克萊購物中心
Thierry Chocolaterie Patisserie Café
Pink Alley
Vancouver Lookout 溫哥華展望塔
Christ Church Cathedral 基督大教堂
Trees Organic Coffee
CinCin Ristorante + Bar
Coast
Black + Blue
Bill Reid Gallery 比爾雷德美術館
Fairmont Hotel Vancouver 溫哥華費爾蒙飯店
Granville Station (Expo Line)
Cartems Donuterie
Chambar Restaurant
Hawksworth Restaurant
Vancouver Art Gallery 溫哥華美術館
Pacific Centre 太平洋購物中心
Robson Street 羅伯森街
Vancouver City Centre Station (Canada Line)
Nordstrom
Hudson's Bay
Orpheum Theatre 奧芬劇院
Japadog
Medina Café
Vancouver Public Library Central Branch 溫哥華市立圖書館

Jervis St
Bute St
West Georgia St
Melville St
Thurlow St
Alberni St
Hornby St
West Hastings St
West Pender St
Seymour St
Water St
Dunsmuir St
Howe St
Richards St
Homer St
Hamilton's St
Cambie St
Nelson St
Burrard St
Smithe St
Granville St

象徵溫哥華的地標
加拿大廣場 Canada Place

就像雪梨歌劇院的揚帆屋簷是澳洲雪梨的地標，5座風帆造型屋頂的加拿大廣場就是溫哥華的象徵。1986年世界博覽會在加拿大舉辦，這座占地5萬坪，結合了國際會議展覽中心 (Vancouver Convention and Exhibition Centre) 以及泛太平洋飯店 (Pan Pacific Hotel) 的海濱建築於焉產生。位於西側的綠建築第二期展館也在2010年啟用，讓該展館成為加拿大西岸最大的商場展館。

除了商業用途，加拿大廣場更是國內外遊客必到之處。每年5～9月，前往阿拉斯加的郵輪自此地出發。布洛德內海海上帆船遊艇點點，水上飛機優雅起降，都市景觀與山海景一氣呵成，壯麗程度全加拿大無與倫比。2010年冬季奧運聖火就在第二展覽館西側廣場被點燃，巨大琉璃結構的聖火台目前依然顯眼。花個1小時在加拿大廣場閒逛，吹拂海上清風，近距離觀賞知名的藝術雕塑《數位殺人鯨》(Digital Orca)、《天外飛來雨滴》(The Drop)，看一場《飛越加拿大》4D影片，然後踱步到五帆餐廳用餐欣賞夜景，這是遊覽加拿大廣場最佳路線。

巨型藝術雕塑融入加拿大廣場的山水風景裡

DATA

✉ 999 Canada Place, Vancouver, BC V6C 3T4 ☎ (604)665-9000 ➡ 搭乘 SkyTrain Canada Line 或是 Expo Line 在 Waterfront 站下車，出站後右轉沿著 West Cordova Street 直行至 Howe Street 右轉，直走到底即抵達 http www.canadaplace.ca

在加拿大廣場上舉辦的加拿大國慶活動

溫哥華會議展覽中心不但舉辦大型商展，更是前往阿拉斯加郵輪登船處

加拿大廣場從黃昏到夜晚，光影的變化美不勝收

30 分鐘玩透加拿大
飛越加拿大 FlyOver Canada

3 年的製作時間，耗資加幣 1,600 萬元，全程以 65 毫米攝影機拍攝，視覺效果逼真的模擬飛行體驗影片在 2014 年正式開幕。這個約 30 分鐘左右的 4D 影片帶領觀眾從空中橫跨加拿大，感受從西海岸到東海岸之間壯麗的風景。攝影團隊花費數年往來飛行大西洋冰原、冰封的山脈、加拿大中部的盆地等人類難以到達的地區取景。除了自然景觀，觀眾也得以高空俯瞰多倫多國會山莊、尼加拉瓜瀑布、千年冰川、美加邊境五大湖，除了立體音效，座位跟著飛機升降飛行，雨、風和霧等特殊效果更倍添模擬飛行的臨場感。

FlyOver Canada 是由台灣團隊參與製作的影片，極獲加拿大人的好評

DATA

✉ 201-999 Canada Place, Vancouver, BC V6C 3C1 ☎ (604)620-8455 🕐 週一～日 10:00 ～ 21:00 (7 ～ 8 月 10:00 ～ 22:00) 💲 成人 (18 歲以上) $29.99，學生、青少年 (13 ～ 17 歲)、老人 (65 歲以上) $23.99，孩童 (12 歲及以下) $19.99 ➡ 搭乘 SkyTrain Canada Line 或是 Expo Line 在 Waterfront 站下車，出站後右轉沿 West Cordova Street 直行至 Howe Street 右轉，直走到底即抵達 🔗 www.flyovercanada.com ℹ 兒童身高須滿 120 公分始得進入。未滿 12 歲之兒童須由大人或年滿 14 歲的同伴隨行

溫哥華第一高塔
溫哥華展望塔 Vancouver Lookout

每一個城市大多有一個高塔，好讓人們登高遠眺或俯瞰市容。位於海港中心 (Harbour Centre) 的溫哥華展望台就是一個。雖然高度僅有 179 公尺，在眾多超高大樓間並不顯得特別高挑，但一旦登上塔頂，北向的高山海灣、西向的史丹利公園、東向的低矮老街區以及南向的玻璃帷幕金融大樓群，此塔仍是溫哥華市區難得的高處觀景台。

DATA ················

📧 555 W Hastings Street, Vancouver, BC V6B 4N6 📞 (604)689-0421 旋轉餐廳 (604) 669 2220 🕐 週一～日 夏季 5～9 月 08:30～22:30，冬季 10～4 月 09:00～21:00 💲 成人 $18.25，老人 (60 歲以上) $15.25，學生 (憑證)、青少年 (13～18 歲)$13.25，兒童 (6～12 歲)$9.25，5 歲以下幼童免費 ➡ 搭乘 SkyTrain 任一路線到達總站 Waterfront 後，出車站大門，直行 Seymour Street 至 West Hasting Street 往左轉即可抵達 🌐 官網：www.vancouverlookout.com；旋轉餐廳：www.topofvancouver.com

玩｜樂｜小｜撇｜步

超值的省錢方式

展望台票價並不便宜，你有兩種方式省錢：1. 白天登塔看日景，晚間再次燈塔看夜景，畢竟一張門票可當天無限次使用；2. 改至展望台正下方的旋轉餐廳 (Top of Vancouver Revolving Restaurant) 用餐，即可免去展望台的門票。在 169 公尺高空緩慢地旋轉，窗外的燈光映著桌上的燭台，浪漫晚餐以此為冠。

雖然不是最高，但是視野 360 度最廣

當地政府列為 A 級歷史建築

溫哥華美術館 Vancouver Art Gallery

位於溫哥華市中心黃金地段的美術館，曾歷經兩次搬遷和改建，1983年從 West Georgia Street 的舊址遷入目前現址。擁有古樸的水泥列柱、山形牆的古希臘風格建築，完成於1906年。前身是溫哥華地方法院，現在被溫哥華市政府列為 A 級歷史建築。

為全國第四大，加拿大西部最大的美術館，溫哥華美術館擁有約 1 萬件永久收藏品。收藏品以卑詩省的當地藝術家現代畫作、攝影作品為主。每年舉辦 10 ～ 12 個主題展覽，除了推薦本省年輕藝術創作者的作品，也常與世界各地美術館交流、交換展出。

美術館樓高 4 層，4 樓長期展出 Emily Carr 的水彩畫，這位在維多利亞市出生的藝術家臨終前捐出的 157 件作品，是溫哥華美術館的鎮館名作。1 ～ 3 樓是臨時展覽空間，展出新銳藝術家的立體雕塑、多媒體影音、攝影作品。為了服務華人遊客，美術館每週六、日中午提供普通話、廣東話、閩南語 3 種語言導覽服務。

DATA

✉ 750 Hornby Street, Vancouver, BC V6Z 2H ☎ (604)662-4700 🕐 週三～一 10:00 ～ 17:00，週二 10:00 ～ 21:00
💲 成人 $22.86，老人 $19.05，學生 (憑證) $17.14，孩童 (6 ～ 12 歲) $6.19，5 歲以下幼童免費
➡ 搭乘 SkyTrain Canada Line 在 City Centre Station 站下車，出站後左轉 West Georgia Street，過 Howe Street 即是美術館廣場 🌐 www.vanartgallery.bc.ca

美術館前羅伯森廣場的溜冰池

玩｜樂｜小｜撇｜步

離館前的愜意時光

離開美術館前有兩件事可以做：到 1 樓的禮品店買些藝術周邊商品回家，或是到 2 樓的 Gallery Café 去喝杯咖啡。Gallery Café 號稱擁有最佳城市景觀戶外座位區，不管是午餐輕食，或是一杯咖啡配蛋糕，在車水馬龍的市中心尋得一方靜謐。

猶如置身在羅馬競技場

溫哥華市立圖書館 Vancouver Public Library Central Branch

溫哥華圖書館在市中心的總館是座古羅馬風的閱讀殿堂。落成於1995年，磚砂砌成的圖書館外圓內方，高大的城垛、環狀的列柱，從外觀看來猶如一座競技場。走入中庭，冷冽的玻璃帷幕與紅色石牆被縱橫來去的線條切割，藍天襯佐下，猶如一幅超現實畫作。不少電影公司看上這樣後現代的景，紛紛前來取景拍攝。

全館7層樓，占地37,000平方公尺，含納了全溫哥華市圖書館一半以上的館藏。超過1,200個閱讀座位遍布各層樓，每個人都可以找到自己的閱讀空間。在各層樓天井跨橋上駐足，挑高的空間猶如峽谷竄高，山風凜凜。入夜後，「The Words Don't Fit The Picture」的字樣在圖書館正門閃亮著，是溫市著名的街頭藝術作品。

DATA

✉ 350 W Georgia Street, Vancouver, BC V6B 6B1 ☏ (604)331-3603 ⊙ 週一～四 10:00 ～ 21:00，週五～六 10:00 ～ 18:00，週日 11:00 ～ 18:00 ✖ 加拿大國定假日 💲 免費 ➡ 搭乘公車 #17 #N15 在 Robson Street 上的 Hamilton Street 站下車 http www.vpl.ca/branches/details/central_library

圖書館造型神似古羅馬競技場，卻常被租用來拍攝未來世界電影

玻璃牆反射光線，呈現十分迷幻的空間

橫跨市中心的時尚購物街
羅伯森街 Robson Street

這是溫哥華時尚購物中心。長長的一條街橫跨溫哥華市中心，百貨公司、時尚名店、圖書館、飯店、高檔餐廳在此街上肩並肩而立。精華區位於Burrard Street以及Jervis Street之間，服飾、鞋類以及珠寶站大部分的店面。往Granville Street方向，你可以找到相對年輕的服飾或運動品牌；如果精品才是你的目標，像是Tiffany、Burberry，或Louis Vuitton，那就得往Burrard Street和Alberni Street方向逛過去。

走累了，沿路不少的咖啡館供你檢視戰利品。肚子餓了，低中高各種檔次的餐廳就在轉角，不必費心尋找。甚至懶得走進餐廳，沿路不少熱狗攤可以稍微填飽肚子，也是繼續購物行程的好選擇。

羅伯森街名店雲集

📧 市中心 Robson Street 街區
📞 (604)669-8132 ➡ 搭乘 SkyTrain Canada Line 在 City Centre Station 站下車，出站後右轉 Granville Street，前行至 Robson Street 右轉。或搭乘公車 #5 在 Robson Street 上的 Burrard Street 站下車 🌐 www.robsonstreet.ca

羅伯森街名店多，餐廳和咖啡館也不少

羅伯森街上有不少超過百年的歷史建築

匯集國際品牌的圓形玻璃屋
太平洋購物中心 Pacific Centre

位於溫哥華市中心蛋黃地帶，地下停車場車位充足，不論是搭乘大眾交通工具或是開車前往都非常便捷。地下兩層、地上一層的商場，匯集了當地以及國際名牌：Coach、H&M、A&F、J Crew、Disney Store 等。如果本商場逛不過癮，不必走出室外，從地下通道直接走到加拿大老牌百貨公司 Hudson's The Bay、高檔時尚百貨公司 Holt Renfrew，以及美國知名百貨公司 Nordstrom，三大百貨商場連成一氣，花上一整天都逛不完。

圓形玻璃屋是太平洋購物中心最搶眼的地標

✉ 701 West Georgia Street, Vancouver, BC V7Y 1G5 ☎ (604)688-7235 ◷ 週一～二、六 10:00 ～ 17:00，週三～五 10:00 ～ 18:00，週日 11:00 ～ 18:00 ➡ 搭乘 SkyTrain Canada Line 在 City Centre 站下車，出站後過 West Georgia Street 即是
http www.cfshops.com/pacific-centre.html

近百年歷史的音樂歌劇院
奧芬劇院 Orpheum Theatre

奧芬劇院由蘇格蘭裔建築師 B. Marcus Priteca 操刀設計，落成於 1927 年，距今已有近百年的歷史。上世紀 20 年代，劇院裡上演以魔術、雜技、喜劇、馴獸、戲耍等節目為主的歌舞雜耍劇 (vaudeville)。

從 Granville Street 的劇院正門口進入，羅馬列柱、木雕天花板、垂吊水晶燈等華麗元素堆砌出古典氛圍。紅毯帶你走入廳廊，經過照片羅列的名人堂，登上石梯，金粉塗飾的牆壁邊條、石柱雕刻更為精緻，彷彿一步步進入深深宮廷。

古羅馬競技場般精雕細琢的廊柱

✉ 601 Smithe Street, Vancouver, BC V6B 3L4 ☎ (604) 665-3035 ◷ 僅於音樂演出場次時對外開放。每年 10 月初溫哥華市 Doors Open Vancouver 活動當天免費對外開放參觀 💲 購買音樂會門票即可入內參觀 ➡ 搭乘 SkyTrain Canada Line 在 Vancouver City Centre 站下車，出站後沿著 Granville Street 南行，至 Smithe Street 左轉便抵達
http vancouvercivictheatres.com

冠軍主廚坐鎮的名氣餐廳
Hawksworth Restaurant

開幕於 2011 年，雖然才短短幾年，位於喬治亞飯店 (Rosewood Hotel George) 的 Hawksworth 躍升溫哥華名氣最大的高級餐廳，包辦了每年加拿大的各項餐飲大獎。這一切都都要歸功於主廚 David Hawksworth，才華洋溢的他最拿手將各國菜系融合，大膽搭配不同食材，新創出自己的美食風格。

烤鮭魚餐

D A T A

✉ 801 West Georgia Street, Vancouver, BC　V6C 1P7 ☎ (604)673-7000 ⏰ 早餐：週一～五 06:30 ～ 10:30 、週六～日 07:00 ～ 10:30，午餐：週一～五 11:30 ～ 14:00，早午餐：週六～日 10:30 ～ 14:00，晚餐：週一～日 17:00 ～ 00:00 💲 午餐約 $30 ～ 50 ／人，晚餐約 $40 ～ 60 ／人 ➡ 搭乘 SkyTrain Canada Line 在 City Centre Station 站下車，出站後左轉 West Georgia Street，經過 Howe Street，餐廳在右手邊 Hotel Georgia 1 樓 🌐 hawksworthrestaurant.com

獨家供應，精選 AA 級牛排
Black + Blue

Black + Blue 標榜芝加哥都會風，兩層樓的餐廳以金與黑搭配，後現代的極簡吊燈盡顯冷漠貴族的個性。精選 AA 級牛排放在約莫兩層樓高、以喜馬拉雅山粉紅岩鹽製成的玻璃冰櫃裡緩慢熟成，確保牛肉風味在最完美的時刻方能烹調。推薦海陸大盤 (Meat & Seafood Plate)，一次盡享海味龍蝦和火烤里肌牛肋條。桌邊現做的凱薩沙拉、桌邊火烤香蕉冰淇淋 (Banana Foster) 噱頭十足，味道也新鮮可口。而 3 樓的露臺是名為 Roof 的餐廳，附屬於 Black + Blue，盛夏夜晚的晚餐一位難求。

Black + Blue 擁有溫哥華最大的專業牛肉熟成冰櫃

D A T A

✉ 1032 Alberni Street, Vancouver, BC V6Z 2V6 ☎ (604)637-0777 ⏰ 週一～四 11:30 ～ 01:00，週五 11:30 ～ 02:00，週六 16:30 ～ 02:00，週日 16:30 ～ 01:00 💲 午餐約 $30 ～ 50 ／人，晚餐約 $50 ～ 80 ／人 ➡ 搭乘公車 #2 #5 在 Burrard Street 上的 West Georgia Street 站下車，右轉 Alberni Street，前行 100 公尺道路左側即是 🌐 www.glowbalgroup.com/blackblue

時尚的米其林三星餐廳
Market by Jean-Georges

位於溫哥華市中心 Shangri-La Hotel 的 3 樓，Market 由米其林三星主廚 Jean-Georges Vongerichten 一手創建，是一家高檔的加拿大西岸海鮮餐廳。從飯店旁的外梯拾級而入，迎接你的是低調而沉穩的裝潢風格。圓弧形座位上懸吊著造型吊燈，落地窗外白天是溫市的行道綠蔭，入夜後室內燈光華麗，映照白紗窗簾外的城市夜景，浪漫滿分。

主餐大比目魚 Halibut Crudo 和加拿大傳統野牛肉 Canadian Rangeland Bison Striploin 是人氣餐點。

溫暖且摩登是 Market by Jean-Georges 的用餐環境特色

DATA

✉ 1115 Alberni Street, Vancouver, BC V6E 0A8 ☎ (604) 695-1115 ◎ 週一～日 06:30 ～ 22:00 💲 約莫 $30 ～ 50 ／人 ➡ 搭乘 SkyTrain Expo Line 在 Burrard Station 下車，沿著 Burrard Street 南行，在 West Georgia Street 右轉，至 Thurlow Street 轉角即到達 🌐 marketkitchen.com

押壽司的代名詞
Miku Vancouver

在溫哥華詢問任一個人要到哪裡吃押壽司 (aburi sushi)，得到的答案一定是 Miku。這家位於溫哥華市中心海邊的餐廳，2008 年率先引進這種新型態的壽司，一時間蔚為潮流。除了押壽司，該餐廳的懷石料理也是人氣餐點。裝潢氣派，餐點精緻，加上寬廣的海景，難怪 Miku 連續多年獲得當地雜誌評選為最佳日式餐廳第一名。

Miku 窗外即是無敵海景

DATA

✉ 70-200 Granville Street, Vancouver, BC V6C 1S4 ☎ (604) 568-3900 ◎ 午餐週一～日 11:30 ～ 15:00；晚餐週日～三 17:00 ～ 22:00、週四 17:00 ～ 22:30，週五～六 17:00 ～ 23:00，例假日 17:00 ～ 22:30 💲 約莫 $30 ～ 60 ／人 ➡ 搭乘 SkyTrain 在 Waterfront 站下車，出站後沿著 West Cordova Street 西行，至 Howe Street 右轉後 50 公尺便抵達 🌐 mikurestaurant.com

一位難求的超人氣早午餐
Medina Café

想要在這家餐廳找到位子坐下來，是一個大難題。這家溫哥華城裡最熱門的早午餐餐廳，每天上午 9 點以後，至少得排隊 40 分鐘才能入座。每日只營業到下午 3 點，沒有供應晚餐。整家店色系是淺橄欖綠，地中海風格不僅呈現在餐點上，也反應在典雅的裝潢。

店裡的比利時鬆餅是每桌必點，搭配巧克力薰衣草、橙橘無花果等各種別出心裁的糖漿，口味變化萬千。想來點鹹食，卡酥來燉湯 (Cassoulets) 或是義式煎蛋 (Frittata) 等歐式餐點是不可錯過的美味。

早餐選擇眾多，比利時鬆餅的沾醬也多達 11 種

📧 780 Richards Street, Vancouver, BC V6B 3A4 📞 (604)879-3114 🕐 週一～五 08:00 ～ 15:00。週六～日 09:00 ～ 15:00 💲 約 $20 ／人 ➡️ 搭乘 SkyTrain Canada Line 在 City Centre Station 站下車，出站後右轉 West Georgia Street 直行，至 Richard Street 右轉，餐廳在 100 公尺左右的左手側 🌐 www.medinacafe.com

義大利藝廊般的高檔餐廳
CinCin Ristorante + Bar

CinCin 是溫哥華餐飲集團 Toptable 旗下的高檔義大利餐廳。從頂端掛有 CinCin 兩字，挑高的紅色塔樓拾級而上，紅砂岩階梯的盡頭，推開沉重的玻璃門，一整面超過 20 公尺的吧檯映入眼簾。古意盎然的男體雕塑、羅馬柱頭、鑄鐵吊燈、仿古織毯、陶罐等組合出濃濃的羅馬味。一大座半弧形的披薩烤窯，薄餅披薩以松木燻烤，帶有獨特的薰香。

推薦生牛肉 (Beef Carpaccio)，是餐前紅酒的好搭配；義式燉飯 (Risotto Di Funghi)，是披薩和義大利麵等主食之外的好選擇。

在 CinCin 餐廳裡，和藝術品一起用餐

📧 1154 Robson Street, Vancouver, BC V6E 3V5 📞 (604)688-7338 🕐 週一～日 16:30 ～ 23:00 💲 約 $40 ～ 50 ／人 ➡️ 搭乘公車 #5 在 Robson Street 上的 Thurlow Street 站下車。沿 Robson Street 前行 100 公尺，餐廳在對街 🌐 cincin.net

精品界的微笑甜甜圈
Cartems Donuterie

微笑的甜甜圈圖案，是 Cartems 最顯著的招牌。面臨眾多甜甜圈老店的競爭，Cartems 在溫哥華開業僅數年，卻異軍突起，已經成為溫哥華精品甜甜圈的代表。

此店的甜甜圈最大賣點是帶著清新的創意，玫瑰花、茶葉等皆可入味，而且每款都有極其風趣的名稱。如蛋糕般較為濕潤的質地，更是吸引甜食一族的主因。店內裝潢簡潔、粗曠，紅磚壁搭配裸露的日光燈管，空間挑高寬闊，是溫哥華眾甜甜圈店裡難有的舒適用餐空間。

微笑的嘴是 Cartems 甜甜圈的知名商標

DATA ....

✉ 534 West Pender Vancouver, BC V6B 1V3 ☎ (778)708-0996 ⏰ 週一～四 08:30 ～ 20:00，週五 08:00 ～ 20:00，週六 10:00 ～ 22:00，週日 10:00 ～ 18:00 💲 約 $3.5 / 個 🌐 cartems.com

號稱溫哥華最好吃的起司蛋糕
Trees Organic Coffee

Trees 的起司蛋糕受到溫哥華人的歡迎，可以從連續多年入選媒體票選「溫哥華最佳起司蛋糕」前三名看出。走進該咖啡館，玻璃冷凍櫃裡 6、8、10 吋大大小小的起司蛋糕各展姿態，讓人垂涎欲滴。如果不知道該選甚麼口味，店家很樂意提供不同口味的蛋糕試吃。人

氣商品是 New York 和 Blueberry，不過如果真想體驗極端濃郁的味道，融合了比利時巧克力和酸櫻桃的 The Sin 才是最佳選擇。

Trees Organic 的市中心旗艦店一旁便是網拍熱點 Pink Alley，吃完起司蛋糕候不妨前往逛逛和拍照。

溫哥華市中心旗艦店前有著綠意的戶外用餐區

DATA ....

✉ 450 Granville Street, Vancouver, BC V6C 1V4 ☎ (604) 684-5022 ⏰ 週一～五 06:30 ～ 22:00，週六～日 08:00 ～ 22:00 💲 $8~15 / 人 ➡ 搭乘 SkyTrain 在 Waterfront 站下車，沿著 Granville Street 南行 50 公尺 🌐 treescoffee.com

三星米其林主廚的法式甜點店
Thierry Chocolaterie Patisserie Café

推開這家甜品店的木製大門，雅緻的木紋式空間、五顏六色的甜點，還沒點餐舌頭就被甜蜜蜜地融化了。主廚 Thierry Busset 來自法國，曾待過英國兩家三星米其林餐廳，是歐洲甜品店的知名人物。

雖然店內各式蛋糕、巧克力、法式糕點琳瑯滿目，最受歡迎的還是顏色如彩虹般的馬卡龍。白天時段店內一位難求；因為營業到凌晨，如果時間許可，入夜後前來和朋友閒聊或是情侶約會，不必排隊等候座位，還可體驗溫哥華市的夜生活。

DATA ··········

✉ 1059 Alberni Street, Vancouver, BC V6E 1A1 📞 (604)608-6870 🕐 週一〜五 07:00 〜 00:00，週六〜日、公定假期 08:00 〜 00:00 💲 約 $8 〜 15 ／人
➡ 搭乘公車 #2 #5 在 Burrard Street 上的 West Georgia Street 站下車，右轉 Alberni Street，前行 150 公尺馬路右側即是 🌐 www.thierrychocolates.com

店內的美人魚巧克力榮獲國際大賞
Mink Chocolates Café

在溫哥華寸土寸金的市中心，Mink Chocolates 店面難得的寬敞舒適。深色木頭地板和櫃檯氣質優雅，搭配一整面長長的落地玻璃窗，隔著中庭面對加拿大廣場。夏季裡天氣晴朗時可以遠眺布洛德內海，遠遠傳來前往阿拉斯加郵輪的汽笛聲；春天裡店門口數十株的美國曙櫻同時盛開，端坐落地窗前一杯咖啡，一片巧克力，滿眼的粉嫩櫻花為你舞動。該店的美人魚巧克力 (Mermaid Chocolate Bar)，榮獲舊金山 2014 International Chocolate Salon 的首獎，內餡絲滑，融合了焦糖、海鹽和迷迭香；外層由黑巧克力包覆，口感豐富多變，是鎮店商品。

Mink 巧克力多彩的包裝令人愛不釋手

DATA ··········

✉ 863 W Hastings Street, Vancouver, BC V6C 3N9 📞 (604)633-2451
🕐 週一〜五 07:30 〜 18:00，週六〜日 10:00 〜 18:00 🚫 公定假日、12/25、12/26、元旦 💲 約 $10 〜 15 ／人
➡ 搭乘公車 #135 #160 在 West Hastings Street 上的 Hornby Street 下車，沿 West Hasting Street 前行經過 Hornby Street，咖啡館在馬路左側廣場邊 🌐 www.minkchocolates.com

行動餐車推薦：Japadog(參見 P.69)

英吉利灣

西尾區
West End

區域範圍

東起 Burrard Street，西至 Denman Street，北抵 West Georgia Street，南至 Beach Avenue 之間的街區，西邊緊鄰史丹利公園，南臨英吉利灣，是溫哥華市中心最西端的區域。

交通對策

本區範圍較廣，可搭乘以下公車前往：
Burrard Street 沿路：
#2、#22、#44、#N22
Beach Avenue 沿路：
#C21、#N6、#5
Denman Street 沿路：
#5、#N6
West Georgia Street 沿路：
#240、#241、#246、#247、#250、#253、#254、#N24

　　本區所在地原為森林，在 1890 年代被太平洋鐵路公司開發成為高級住宅區，至今遺留許多歷史建築。西尾區絕大比例為純住宅區，將近 4 萬人居住在高級公寓，是全加拿大人口密度最高的街區之一。

　　英吉利灣海灘橫亙在本區西南方，長年海風吹拂，遊人如織。區內的 Denman Street 街上咖啡廳、各國風味餐館林立，稱得上國際美食總匯。同志街 Davie Street 彩虹旗隨處可見，平權餐館、酒吧夜店，落日後人聲鼎沸。中國藝術家岳敏君的雕塑作品《A-maze-ing Laughter》，在海灘街邊吸引無數遊客合影，是本區最熱門的觀光景點。

兩人高的笑臉人像群聚是市內最受歡迎的雕塑作品

1. 夏日煙火節在西尾區上演
2. Denman Street 上的知名義大利 Milano 咖啡館
3. 西尾區靠近史丹利公園熱門的腳踏車出租店
4. 來自台灣的泡沫紅茶店開店在西尾區羅伯森街上

西尾區地圖

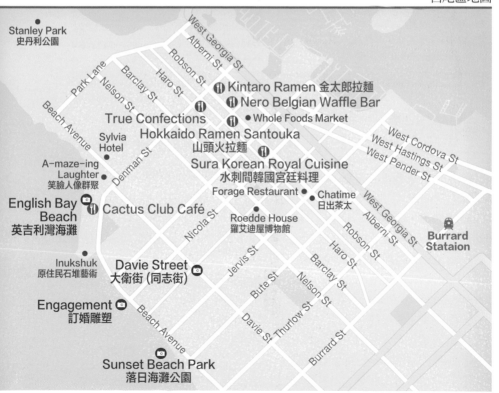

Stanley Park
史丹利公園

West Georgia St
Alberni St
Robson St
Haro St
Park Lane
Barclay St
Nelson St
Beach Avenue

Kintaro Ramen 金太郎拉麵
Nero Belgian Waffle Bar
True Confections
Whole Foods Market
Hokkaido Ramen Santouka
山頭火拉麵
Sylvia Hotel
Denman St
Sura Korean Royal Cuisine
水刺間韓國宮廷料理
A-maze-ing Laughter
笑臉人像群聚
Forage Restaurant
Chatime
日出茶太
English Bay Beach
英吉利灣海灘
Cactus Club Café
Roedde House
羅艾迪屋博物館
Nicola St
West Cordova St
West Hastings St
West Pender St
West Georgia St
Alberni St
Robson St
Burrard Stataion
Inukshuk
原住民石堆藝術
Davie Street
大衛街 (同志街)
Jervis St
Haro St
Barclay St
Bute St
Nelson St
Engagement
訂婚雕塑
Beach Avenue
Davie St
Thurlow St
Burrard St
Sunset Beach Park
落日海灘公園

情侶最愛的賞夕陽約會勝地
落日海灘公園 Sunset Beach Park

顧名思義，緊鄰著英吉利灣的落日海灘公園，應該是全溫哥華看落日最佳的地點。浪潮拍打，綠草如茵，除了受慢跑、溜直排輪、騎單車的民眾歡迎，夕陽落入海平面時分，情侶們最愛在一雙巨大婚戒雕塑《訂婚》(Engagement) 前散步或野餐。此處為每年同志大遊行終點站，遊行後嘉年華會在此舉辦，另類的音樂會、各式攤位相連，活動熱鬧非凡。

俯瞰英吉利灣的原住民石堆藝術 Inukshuk

落日海灘銜接城市高樓和海灣

DATA

✉ 沿 Beach Avenue 西側的綠地，介於 Bidwell Street 和 Burrard Street 之間
➡ 搭乘 #C21 公車，在 Beach Avenue 上的 Cardero Street 站下車

海灘推薦：English Bay Beach(參見 P.32)

越夜越美麗的彩虹街
大衛街(同志街) Davie Street

雖說是同志街，其實Davie Street是溫哥華GBLT性別平權的大本營。不論是餐廳、咖啡館、理髮廳、超市或是藥房，幾乎都掛起七色彩虹旗。街邊不少情趣用品店、新潮大膽的服飾讓人看了臉紅心跳加速。在Davie Street和Bute Street路口有加拿大西岸唯一的彩虹人行道，吸引遊客駐足留影。天黑後，The Pump Jack Pub、Fountainhead Pub等同志們流連的酒吧才開始熱鬧，在酒精和音樂的催化下，越夜越美麗。

彩虹人行道是 Davie Street 上的重要地標

DATA

✉ 介於 Burrard Street 與 Denman Street 之間的 Davie Street ➡ 搭乘 #5、#N6 公車在 Davie Street 上的 Denman Street 站，或是 #5、#N6、#C23 公車在 Davie Street 上的 Burrard Street 站下車

在玻璃屋中聽海浪聲吃海鮮
Cactus Club Café

Cactus Club Café 是加拿大知名的連鎖餐廳，素以流行潮店及精緻的西岸海鮮美食聞名。位於英吉利灣的分店延續餐廳時尚風格，通透的玻璃屋在海邊有如一顆珠寶。不論是端坐在室內或是戶外座位區，浪潮聲以及寬闊海景讓美食風味加乘。

餐廳裡的義大利麵

D A T A ············

✉ 1790 Beach Avenue, Vancouver, BC
☎ (604)681-2582 ◷ 週日～三 11:00 ～
00:00，週四～六 11:00 ～ 01:00
💲 約 $30 ／人 ➡ 搭乘公車 #C21 在
Beach Avenue 上的 Burnaby Street 站
下車，回頭走 50 公尺即抵達 http www.
cactusclubcafe.com

英吉利灣沙灘上的美食餐廳

手工麵條超 Q 彈的人氣拉麵
山頭火拉麵 Hokkaido Ramen Santouka

西尾區 Denman Street 和 Robson Street 交叉口附近是日式拉麵店的一級戰區，方圓 100 公尺集合了超過 5 家的拉麵店。全世界連鎖的拉麵店山頭火是在加拿大西岸唯一的分店。位於 Robson Street 上，店內空間不大，裝潢簡單，十分符合日本路邊拉麵店的形象。所有的麵條都是店內自製，新鮮有嚼勁。來自北海道旭川的山頭火以味噌拉麵為主，湯頭道地。另有鹽味 (Shio) 和醬油 (Shoyu) 口味可選擇。餐桌上一頭叼著鮭魚的大熊木雕，增加不少用餐的情趣。

D A T A ············

✉ 1690, Robson Street, Vancouver, BC
V6G 1C7 ☎ (604)681-8121 ◷ 週一～日
11:00 ～ 23:00 💲 約 $10 ／人 ➡ 搭乘公
車 #5 #N6 在 Robson Street 上的 Bidwell
Street 下車 http www.santouka.co.jp/en

日本風味濃厚的山頭火拉麵店

99

平價又精緻的韓式宮廷菜
水剌間韓國宮廷料理
Sura Korean Royal Cuisine

這裡沒有石鍋拌飯，也沒有韓式烤肉，來到 Sura 韓式宮廷餐館，才知道原來朝鮮貴族的菜肴和一般百姓不同。辣椒、泡菜一樣也不少，但是精緻許多。週一到週五的午間套餐十分超值，$20 或 $25 一人份的餐點豐富得有如滿漢全席，花費不多就可以過當年朝鮮貴族用餐的癮。

DATA

✉ 1518 Robson Street, Vancouver, BC V6G 1C3 ☎ (604)687-7872 ⊙ 週一～日午餐 11:00 ～ 16:00，晚餐 17:00 ～ 23:00 💲 約 $20 ／人 ➡ 搭乘公車 #5 #N6 在 Robson Street 上的 Nicola Street 站下車，下車後回頭走經過 Nicola Street，餐廳在路口 50 公尺處的左側
http www.surakoreancuisine.com/#robson

韓國料理宮廷菜　　精緻的朝鮮貴族餐點　　韓式宮廷菜的烤魚料理極為精緻

料多澎湃的比利時鬆餅
Nero Belgian Waffle Bar

店面極小，僅容納 4 張小桌，這家比利時鬆餅屋人氣始終不墜。不論是 Q 彈的列日鬆餅或是清淡鬆脆的布魯塞爾鬆餅，搭配大量的水果、冰淇淋、鮮奶油，華麗地堆疊；或是搭配鮪魚、起司和生菜，成為鹹食。在 Nero Waffle Bar，鬆餅不再只是早餐的配角，已經躍升下午茶甚或午晚餐的主角。

Nero 鬆餅屋夏天的戶外用餐區

DATA

✉ 1703 Robson Street, Vancouver, BC V6G 1C8 ☎ (778)712-0694 ⊙ 週一～四 11:00 ～ 23:00，週五 11:00 ～ 00:00，週六 09:00 ～ 00:00，週日 09:00 ～ 23:00 ➡ 搭乘公車 #5 #N6 在 Robson Street 上的 Bidwell Street 下車，下車後回頭走經過 Bidwell Street，餐廳在路口 50 公尺處的右側 http www.nerobelgianwafflebar.com

宛如英國高帽子的美味蛋糕
True Confections

溫哥華的甜品蛋糕但何其多,這家 1989 年就開張的蛋糕店以「高」闖出名堂。所販售蛋糕比一般市面上的硬是高了 2 ～ 3 倍,視覺上十分奇特,口味也極受大眾歡迎。你可以單點一片,在餐廳裡搭配茶或咖啡慢慢享用;更可以買一整個蛋

糕回家,準備打開蛋糕盒的那一剎那聽到眾人的驚喜歡呼聲。

D A T A

✉ 866 Denman Street, Vancouver, BC V6G 2L8 ☎ (604)682-1292 ⊙ 週日～五 12:00 ～ 24:00,週六 12:00 ～ 01:00
💲 大約 $10 ／人 ➡ 搭乘公車 #5 在 Denman Street 上的 Haro Street 站下車,店家就在車站旁 🌐 trueconfections.ca
ℹ 不接受訂位

蛋糕高度可比英國紳士的高帽子

原汁原味的日本拉麵
金太郎拉麵 Kintaro Ramen

這家拉麵店門口永遠有人在排隊,說是溫哥華市日本拉麵店的一哥,一點也不為過。從一入門聽到日文的招呼聲、廚房裡 4 大桶翻滾著的高湯,到端上桌冒著煙的拉麵,讓人錯以為來到日本。體貼客人的需求,高湯有濃郁、正常、清淡 3 種選擇;叉燒肉也有肥或瘦兩種可挑

選。大排長龍是常態性的,如果不想等候半小時,或是時間有限,建議避開尖峰時間前往。

D A T A

✉ 778 Denman Street, Vancouver, BC V6G 2L5 ☎ (604)682-7568 ⊙ 週二～日 12:00 ～ 22:00 🈺 週一 💲 大約 $12 ／人 ➡ 搭乘公車 #005 在 Denman Street 上的 Haro Street 站下車,沿 Denman Street 向前走,過 Robson Street 之後餐廳在右手邊 ℹ 不接受信用卡,低消:$7 ／人

湯鮮味美的金太郎拉麵

煤氣鎮
Gastown

華燈初上的 Water Street

區域範圍

從市中心 Waterfront Station 往東，Columbia Street 以西，Water Street 與 Cordova Street 之間狹長三角區域，就是煤氣鎮的街區範圍。

交通對策

搭乘 SkyTrain(Canada Line, Expo Line, Millennium Line)，或是公車 #50 在 Waterfront 站下車。出站後左轉，100 公尺後進入左手邊 Water Street 即是煤氣鎮。

　　雖然稱為「煤氣鎮」，這個城區卻與煤氣完全無關。這是溫哥華最古老的街區，最早的市議會就是在此地召開。1867 年淘金熱正夯，歐洲商人、投機份子前仆後繼進入美洲。身上帶著僅有的 6 塊錢，來自英國的淘金客 Jack Deighton 輾轉來到溫哥華，請當地鋸木廠工人免費喝威士忌，換來蓋起一家酒館。因為口才辯給，口若懸河，有時吹牛吹過頭，人們戲稱他「蓋仙傑克」(Gassy Jack) 的渾號不脛而走，該名字衍生成為此區域名稱。1887 年鐵路的開通，更多淘金客與拓荒者湧入，商店、旅館和酒吧如雨後春筍在煤氣鎮出現。20 世紀初，淘金熱散去，溫哥華市中心西區日漸繁榮，此消彼長，煤氣鎮開始一蹶不振。

Water Street 琳瑯滿目的觀光紀念小物

煤氣鎮上開業超過 90 年的商家

1971 年因為此地群聚數幢百年古蹟，因而被省政府劃為歷史保護區後，黯淡的街道才又重新明亮起來。2009 年，加拿大政府將煤氣鎮定為國家級歷史古蹟。

作為溫哥華歷史最悠久的商圈，此地處處散發思古幽情。古老的紅磚與鵝卵石蜿蜒在街邊，古色古香的街燈、維多利亞式建築，淡淡的歐式風情漂浮在空中。就算是男士理髮店、屠宰肉鋪、文具書店這類再普通不過

的商家也流露出上個世紀 50 年代的氣味。高級家飾店、

摩登現代的鞋子專賣店 John Fluevog Shoes

流行服飾鞋店近年陸續進駐，則是另一種氣象。英式風格酒吧、文青感性的咖啡廳、後現代工業風的餐館為此區帶來多樣的飲食風貌。如果想為溫哥華旅遊留下些印記，Water Street 上林立的紀念品店是你挑選回憶的好地方。好吃、好逛又好買，煤氣鎮名符其實是個溫哥華購物、娛樂和品嘗美食的觀光熱點。

向著南邊穿過 East Hasting Street 與 Chinatown 相對，兩區之間是溫哥華市中心的東區，屬於全市收入最低的一區。白日可見大批遊民在人行道上群聚、遊蕩，街容令人生懼，連本地溫哥華人都望之退步。入夜後治安堪慮，如果經過此區，務必結伴而行，且避免行經人煙罕至的後巷小路。

煤氣鎮地圖

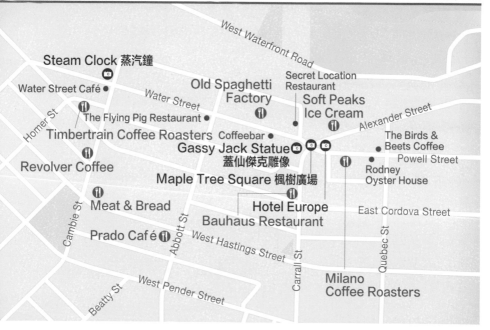

West Waterfront Road

Steam Clock 蒸汽鐘

Water Street Café

Water Street

Old Spaghetti Factory

Secret Location Restaurant

Soft Peaks Ice Cream

Homer St

The Flying Pig Restaurant

Alexander Street

Timbertrain Coffee Roasters

Coffeebar

Gassy Jack Statue
蓋仙傑克雕像

The Birds & Beets Coffee

Revolver Coffee

Powell Street

Rodney Oyster House

Maple Tree Square 楓樹廣場

Meat & Bread

Cambie St

Hotel Europe

East Cordova Street

Bauhaus Restaurant

Abbott St

Prado Café

West Hastings Street

Carrall St

Quebec St

Milano Coffee Roasters

Beatty St

West Pender Street

訴說陳年往事的老蓋仙
蓋仙傑克雕像 Gassy Jack Statue

站在 Water Street 與 Carrell Street 路口，綠鏽布滿的「蓋仙傑克」雕像頭戴西部拓荒帽，身穿皮外套，以三七步高高站在威士忌橡木桶上，背景磚襯著磚紅老建築 Byrnes Block，俯視楓樹廣場來來往往的車水馬龍以及人潮。這應該是溫哥華市最有名的人形雕像，訴說著 100 多年前煤氣鎮開拓史，以及蓋仙傑克種種有趣的傳聞。

人氣極旺的老蓋仙傑克雕像

✉ 1 Water Street Vancouver, BC V6B 2H9 ⓗⓣⓣⓟ www.gassyjack.com

擁有最多的百年歷史建築
楓樹廣場 Maple Tree Square

煤氣鎮歷史悠久，更是1886年城市大火(The Great Fire)後重建的第一個區域。此區大部分建築物多為磚石材，是大火後重建時期為了避免祝融再度肆虐的產物。在Water、Carrall、Alexander與Powell 4條街的交匯處，稱為楓樹廣場，是溫哥華市內擁有最多歷史建築保存在原址的區域。

其中最有名的 3 幢建築，分別是位於蓋仙傑克雕像之後，名為 Byrnes Block 紅白相間的兩層樓建築、完成於 1909 年；6 層樓高窄如熨斗，以鬧鬼聞名的 Hotel Europe；以及完成於 1887 年，有著維多利亞式美麗窗櫺的 Ferguson Block。如果從外表欣賞這些建築還不過癮，不妨走進開設在這些歷史古蹟裡的餐館，一邊用餐一邊體驗百年老屋的古老氣息。

✉ Water Street 與 Carrall Street 路口
三幢古老歷史建築：
Byrnes Block
2 Water Street Vancouver, BC
Hotel Europe
43 Powell Street Vancouver, BC
Ferguson Block
6 Powell Street Vancouver, BC

1. 被老建築圍繞的
楓樹廣場
2. 楓樹廣場旁餐廳
的戶外用餐區
3. 雨後的楓樹廣場
格夜色外浪漫
4. 楓樹廣場上牛仔
用品店的老闆

15 分鐘一回的蒸汽合奏樂
蒸汽鐘 Steam Clock

這該是全溫哥華最有名的計時器。佇立在 Water Street 與 Cambie Street 路口，高 3 公尺，重達 2 噸的蒸汽鐘是煤氣鎮地標性的景觀。也許是造型古老，許多人誤以為蒸汽鐘已有百年歷史，其實不然。1977 年，經驗豐富的製鐘師傅 Raymond Saunders 建造了這座世界上首個以蒸汽為動力的時鐘。每隔 15 分鐘，時鐘頂部 5 管汽笛藉由蒸汽吹響，合奏出 Westminister Chimes 的音樂，白色蒸汽自鐘頂噴出，圍觀的遊客手中的相機隨著汽笛聲鎂光燈閃個不停。蒸汽鐘鐘頂 4 朵琺瑯鍍製的古銅山茱萸，搭配鍍金的時鐘錶面，夜晚在煤氣鎮路燈昏黃的暈下光彩炫目。

DATA

✉ 305 Water Street Vancouver, BC V6B 1B9 💲 免費 🌐 www.gastown.org ℹ 每 15 分鐘冒出蒸汽、發出音樂

最受歡迎的國民便當
Meat & Bread

溫哥華上班族午休吃些什麼？時間有限的情況下，能兼顧美味、低單價，又能快速解決的小吃最受歡迎。近年崛起的 Meat & Bread 完全符合這樣的條件。開立在市中心熱鬧的街角，Meat & Bread 果真如店名，只提供麵包夾肉類的三明治。

「簡單」是該店最好的形容詞，乾淨俐落的裝潢，沒有多餘的裝飾；

雖然口味選擇不多，Meat & Bread 還是市中心最受歡迎的三明治餐廳

販售的餐點只有雞、豬、羊、牛 4 種口味。顧客點了餐，廚師在你面前如汽車自動化生產般組裝三明治。麵包 Q 脆、肉汁香味四溢，大小劃一，包裝在獨家的瓦楞紙盒內，簡潔有如蘋果電腦。價格亦十分親民，最受歡迎的豬肉三明治 (Pulled Pork Sandwich)，含稅後 $10 有找。無怪乎中午時分，餐廳門前大排長龍，街上不少西裝革履的上班族人手一份。

DATA

✉ 370 Cambie Street Vancouver, BC V6B 1H7 📞 (604)609-9941 🕐 週一～六 11:00 ～ 17:00 💲 約 $10 / 人 🌐 meatandbread.ca

膽子不夠大別來用餐
Old Spaghetti Factory

這家北美義大利麵和披薩連鎖點餐點味道符合洋人口味、分量足、外加價格合理,極受當地人的歡迎。位於煤氣鎮的 Old Spaghetti Factory 另有吸引人之處,磚紅色外觀與一般餐廳無異,但傳聞有鬼魂常常在餐廳打烊後出現。這號稱溫哥華最著名的靈異餐廳,每到萬聖節前後,大膽的年輕人前來湊熱鬧,只為了有機會和鬼魂奇遇。如果你不信鬼神,或是自認為八字夠重,不妨來測試一下自己的膽量。

Old Spaghetti Factory 的海鮮義大利麵

令人食指大動的起司蛋糕

DATA

✉ 53 Water Street Vancouver, BC V6B 1A1 ☎ (604)684-1288 🕐 週一～四 11:00 ～ 22:00,週五～六 11:00 ～ 23:00,週日 11:00 ~ 21:30 💲 約 $20 / 人 🌐 www.oldspaghettifactory.ca

韓風冰淇淋正當道
Soft Peaks Ice Cream

當傳統的冰淇淋專賣店諸如 Earnest 占據溫哥華冰品的版圖,一股韓風軟式冰淇淋悄悄在煤氣鎮興起。口感與霜淇淋相符,以當地酪農所產的鮮奶為基底,風味十分香濃;加上推陳出新的果醬、蜂蜜和水果配料,綿密的口感和豐富的視覺效果,擄獲不少吃冰一族的心。

除了原味,巧克力冰淇淋也很受歡迎

DATA

✉ 25 Alexander Street, Vancouver, BC V6A 1B ☎ (604) 559-2071 🕐 週一～日 12:30 ～ 22:00 💲 約莫 $5 ～ 10 / 人 ➡ 搭乘 #50 公車在 Powell Street 上的 Columbia Street 站下車,沿著 Powell Street 西行,至 Carrall Street 右轉後便抵達 🌐 softpeaks.ca

使用蜂蜜調味的冰淇淋

烹煮手法熟練的 Revolver 咖啡師

 ## 讀者票選最佳專業咖啡館
Revolver Coffee

溫哥華每年都有雜誌媒體舉辦讀者票選活動，選出心目中最佳的餐飲、咖啡館。鄰近煤氣鎮的 Revolver Coffee 連續數年都獨占鰲頭。這家咖啡館之所以走紅，店內雅痞美學的裝潢、全球精挑細選咖啡豆、多年的專業烘焙豆子經驗，加上溫市咖啡界最多烹煮咖啡的手法，都讓

位於老舊大樓的 Revolver
給予咖啡新生命

味道醇厚的
拿鐵咖啡

Revolver Coffee 成為本市最專業的咖啡館。如果不知道要挑選哪一種咖啡，不妨點一份 Tasting Flight ($9)，一次品嘗 3 款不同品種咖啡。

DATA

✉ 325 Cambie Street Vancouver, BC
V6B 1H7 ☎ (604)558-4444 🕐 週一〜五
07:30 〜 18:00，週六 09:00 〜 18:00
🌐 revolvercoffee.ca

Revolver 咖啡館一整面釘牆標示全球的咖啡產地

義大利魂的現代設計咖啡館
Milano Coffee Roasters

有如符咒般的商標高掛在 Powell Street 上。這家嶄新的咖啡館空間既深且寬，設計師燈具、鞦韆概念桌椅，簡直就是把咖啡館搬到美術館裡面。這是 Milano Coffee Roasters 在溫哥華開設的第 4 家分店，經營者是義大利後裔，帶著在義大利 75 年正統義大利烘豆、烹煮咖啡的傳承，落腳溫哥華。轉眼間 Milano Coffee 在溫哥華飄香也已超過 30 年。點一杯 Cappuccino，坐在咖啡館門口的椅子上，濃厚的奶泡溫潤你的唇，同時欣賞對街 Hotel Europe 古色古香的建築，整個人彷彿都包裹在歐洲氣味裡。

D A T A

✉ 36 Powell Street Vancouver BC, V6B 2JY 📞 (604)558-0999 🕐 週一～五 07:00 ～ 21:00，週六～日 08:00 ～ 21:00 http www.milanocoffee.ca

被建築大師啟發的德國餐廳
Bauhaus Restaurant

走進煤氣鎮 Cordova 街轉角的 Bauhaus 餐廳，石塊堆砌的外觀內是挑高的空間，整潔劃一的擺設，牆上掛著巨大的畫作，現代感十足，處處流露出德國人中規中矩的個性，更不用說餐廳主人受到 20 世紀德國建築大師包浩斯的啟發，連餐廳都以之為名。創辦人 Stefan Hartmann，出生於德國，曾經在歐洲的多家米其林星級餐廳擔任主廚。目前經營者 Uwe Boll 延續了德國一絲不苟的精神，餐廳於 2016 年入選「加拿大百大餐廳」之列

Bauhaus 屬於高檔餐館，餐點皆是套餐形式，從 3 ～ 6 道餐點不等。

Bauhaus 的餐點以精緻的盤飾著稱（圖片提供／Leila Kwok)

D A T A

✉ 1 West Cordova Street, Vancouver, BC V6B 1C8 📞 (604) 974-1147 🕐 週一～四 17:00 ～ 22:00，週五午餐 11:30 ～ 14:30、晚餐 17:00 ～ 22:30，週六～日 17:00 ～ 22:30 💲 $65 ～ 105 ／人 ➡ 搭乘公車 #209 #201 #4 #2 在 East Cordova Street 上的 Carrall Street 站下車 http bauhaus-restaurant.com

唐人街
Chinatown

區域範圍

北至 East Hasting Street，南抵 Union Street，東頂 Core Ave，西達 Carrall Street，橫跨數個街區的古老街區。

交通對策

搭乘公車 #19 #22 在 West Pender Street 下車；搭乘 SkyTrain Expo Line 天車在 Stadium/Chinatown 站下車，沿 Beatty Street 往北至 West Pender Street 右轉見到千禧城門即進入唐人街區域。

　　走在北美各城市的唐人街中位居第二大的溫哥華唐人街，兩旁中文招牌的中藥材行、南北貨、肉鋪、餐廳食肆店店相連。據統計，溫哥華地區約莫 40 餘萬華人，占居民人口比例 19％，是名副其實的第二大族裔。唐人街緊鄰太平洋鐵路火車總站，曾是溫哥華開埠時期的市中心。

　　隨著城市日益繁榮，市中心逐步西移，加上上世紀 80 年代大量香港新移民搬遷至鄰近的列治文市，唐人街繁華不再，只剩一些年長者繼續居住在老街上，守著祖上傳下來的產業。平日街道除了當地前來購物、用餐的老一代華人之外，最多是背著相機的觀光客，對著銅龍盤旋的街燈、路邊中國風的壁畫頻頻按下快門。

唐人街上的壁畫

唐人街區中藥材、南北乾貨店林立

近年來溫哥華市府極力開發城市內的老舊街區，唐人街就是重點區域之一。如果你仔細觀察，不難發現許多新潮的咖啡館、餐廳陸續出現在眾多老舊中文招牌間。老建築一間間被拆除，外觀新穎的公寓高樓一棟棟蓋起，唐人街開始進入蛻變的轉型期。

唐人街附近的警察博物館

雖說改變帶來嶄新的氣息，但入夜後還是盡量不要在此區域逗留，即便警車常駐路旁，群聚街角的遊民仍是城市的治安隱憂。

唐人街地圖

Ask for Luigi Italian Kitchen

Powell Street

Main Street

St. James Anglican Church

Oppenheimer Park
奧本海默公園

E Cordova Street

Carrall Street

Columbia Street

Vancouver Police Museum

Gore Avenue

Millennium Gate Archway
千禧門

Musette Coffee

Bestie

Jade Dynasty Restaurant
玉龍軒酒家

E Hastings Street

Jackson Avenue

New Town Bakery
新城餅家

Propaganda Coffee

E Pender Street

Bao Bei Chinese Brasserie
寶貝小館

Sun Fresh Bakery

Dr. Sun Yat-Sen Classical Chinese Garden
中山公園

Oyster Express

Keefer Street

Matchstick Coffee

East Georgia Street

Quebec Street

Phnom Penh Restaurant
金邊小館

Union Street

Sam Kee Building
周永職燕梳寫字樓

111

全球最佳城市公園榜首
中山公園／逸園 Dr. Sun Yat-Sen Classical Chinese Garden

溫哥華中山公園，全名為「孫逸仙古典中式公園」，是中國以外的地區第一個明朝風格的蘇州園林。由美國《國家地理》雜誌 2012 年出版的《一生之中的祕密之旅》，書中介紹全世界 500 個鮮為人知的最佳城市公園，並由讀者選出世界十大最佳城市公園，溫哥華的中山公園不但是加拿大唯一上榜的公園，並且排名第一。

蘇州庭園風格的小橋流水造景、竹林亭閣，中國江南靈氣在此展露無遺。

從公園抬頭北望，一組英文字「EVERYTHING IS GOING TO BE ALRIGHT」，以燈管排列的方式浮現溫哥華天空。這是英國現代藝術家 Martin Creed 的作品，2008 年起

中山公園外的英文字體藝術作品

被裝置在唐人街某大樓的屋頂。風趣且具有療效的作品，撫慰了不少冬季憂鬱症的溫哥華居民。

中山公園另一邊是收費的逸園。起建於 1985 年，包含施工的 52 位工匠、園內所有的石木磚瓦，都是從中國蘇州遠道而來。全園劃分為主堂區、複廊水榭區、書齋庭園區和曲池山林區等四大景區。園內面積不大，利用假山、水池、花木和亭臺樓閣、樹廊橋洞有機組合，充滿詩情畫意。

蘇州庭園風格的中山公園十分幽靜

D A T A • • • • • • • • • • • • • • • •

✉ 578 Carrall Street Vancouver, BC V6B 5K2 ☎ (604)662-3207 ⊕ 5 ～ 6 月中、6 月中～ 8 月 09:30 ～ 19:00，9 月 10:00 ～ 18:00，10 ～ 4 月 10:00 ～ 16:30，12/24、12/31 10:00 ～ 14:00 休 11 ～ 4 月週一、聖誕節、元旦 💲 中山公園免費入園。逸園：成人 \$14，老人 (65 歲以上) \$11，學生 \$10，5 歲以下孩童免費，家庭票 \$28 ➡ 搭乘公車 #19 #22 #N9 在 East Pender Street 上的 Carrall Street 站下車，穿過中華門即到達 http vancouverchinesegarden.com

氣派高大的溫哥華唐人街千禧門

全世界第二大唐人街的門面
千禧門 Vancouver Chinatown Millennium Gate Archway

　　全世界每一個唐人街都有一座中國牌坊，千禧門就是溫哥華唐人街的代表。建於 2001 年，由華裔建築師韋業祖捉刀，仿明清時期北京東四牌樓所設計，2001 年 2 月 18 日動工，隔年 8 月 1 日落成，應該是全世界最年輕的唐人街牌坊。

　　15 公尺高的牌樓坐東朝西橫跨片打街 (Pender Street)，彩繪橫梁，上覆黃色琉璃瓦，正面懸掛著藍底金字的「千禧門」橫匾。門柱兩邊側立著一對 2 公尺多高的漢白玉石獅，十分氣派；牌樓的背面上方懸掛著「繼往開來」的橫匾，兩側石柱上則鑴刻著一副長長的對聯「珠璣門巷金碧樓臺傑構紀千禧永慕前賢功最偉，楓葉流丹梅花競秀英才符眾望廣開勝境樂何如」，字裡行間隱

藏著華人與加國的淵源以及對生活的期待。

　　如果想要將這座大牌坊拍照入鏡，牌坊東面的片打街上是最佳的取景地點。向東穿過牌坊在第一個巷子右轉，來到上海巷 (Shanghai Alley)，這是溫哥華最早 (1890 年代) 華人聚居之地。上海巷走到盡頭，橫過 Taylor Street，來到 Crosstown 區，一個名為 International Village 的購物中心是溫哥華東區最熱鬧的商場。

DATA

West Pender Street 以及 Taylor Street 路口　搭乘公車 #19 #22 在 West Pender Street 下車；搭乘 SkyTrain Expo Line 天車在 Stadium/Chinatown 站下車，沿 Beatty Street 往北至 West Pender Street 右轉

金氏世界紀錄認可，最窄的辦公室
周永職燕梳寫字樓 Sam Kee Building

要參觀這座被金氏世界紀錄確認為全世界最窄的商用建築，必須先了解「燕梳」是什麼意思？懂廣東話的人應該一眼就看穿，燕梳就是英文保險 (Insurance) 粵語發音。這建築原名三記號 (Sam Kee Building)，落成於 1913 年，已有超過 100 多年的歷史，現由周永職保險公司擁有，作為該公司的辦公室。1 樓只有 150 公分寬，2 樓的空間加上外的陽台也不過 180 公分寬，內部空間還不及火車車廂的寬度；從外部目測，成年人雙臂張開已超過建築物的寬度。

因為是私人產業，所以遊客無法進入參觀。不過別急著匆匆路過，站在建築物最窄的外牆，雙手一張，左右掌就可以觸摸到兩邊外牆，這是讓你單人獨撐大樓最有趣的取景畫面。

千禧門旁的周永職燕梳寫字樓依附在其他建築物上

DA**T**A ••••••••••••••••••••

✉ 8 West Pender Vancouver, BC V6B 1R5 💲 免費 ➡ 搭乘公車 #19 #22 #N9 在 East Pender Street 上的 Carrall Street 站下車，下車後左轉經過 Carrall Street 路口即是 http www.jackchow.com ℹ 無法入內參觀

老外最愛的中式餐廳
寶貝小館 Bao Bei Chinese Brasserie

打從 2010 年開業以來,每年都可以在報章上看到這家餐廳名列全加拿大前三名的報導。這都必須歸功華裔老闆 Tannis Ling 獨到的眼光,將中菜的檔次提升到加國一級餐廳之列。 寶貝小館走的是精緻高檔、小而美的路線。打開菜單,雖然入目都是中式餐點,卻融合了台灣、上海以及川菜的特色,再加入了西方的食材元素,十分大膽的結合。店裡的裝潢充滿懷舊

上海風,大量的中國元素討好了崇羨華風的洋人。每道菜分量都不大,算是吃巧不吃飽的餐館,和朋友聊天喝酒最適宜。建議餐點:松露豬肉蒸餃、饅頭 (Mantou)、不得了招牌炒飯。

✉ 163 Keefer St Vancouver, BC V6A1X4
☎ (604)688-0876 ⏰ 週二～六 17:30 ～ 00:00,週日 17:30 ～ 23:00 休 週一
💲 約 $30 ／人 ➡ 搭乘公車 #3 #8 #19 #N19,在 Main Street 上的 East Georgia Street 站下車,前行至 Keefer Street 左轉,前行 100 公尺即可見餐廳在右手側
🌐 bao-bei.ca

中菜西吃的寶貝餐廳

比利時主廚的漂亮廚房
Chambar Restaurant

紅磚與原木搭配成牆,玻璃球燈或集結成串,或單獨懸掛天花板,營造一室的溫暖,Chambar 餐廳的裝潢復古中帶著時尚,維持一種不退流行的姿態。自從 2004 年開幕至今,仍是在各媒體報導或網友票選溫哥華美食餐廳名單中名列前茅。

主廚 Nico Schuermans 曾任職於比利時的米其林餐廳,曾在倫敦、雪梨等國際大城擔任主廚,最後落腳溫哥華。Chambar 最膾炙人口的名菜是比利時燉淡菜 (Moules Frites),火候控制恰到好處,每一粒淡菜飽滿

鮮嫩,白酒奶油香味撲鼻,搭配一口比利時啤酒,簡直是人間無上的享受!

無數顆圓球玻璃燈打造出 Chambar 迷離夢幻的夜色空間

✉ 568 Beatty Street, Vancouver, BC V6B 2L3 ☎ (604) 879-7119 ⏰ 週一～日 08:00 ～ 24:00 💲 約 $20 ～ 30 ／人
➡ 搭乘 SkyTrain Expo Line 在 Stadium-Chinatown 站下車 🌐 www.chambar.com

用餐時間的金邊小館永遠都人滿為患

全市第一的越南式炸雞

金邊小館 Phnom Penh Restaurant

走進 Georgia Street，不必找地址，看到門口大排長龍的地方一定就是這家餐館。因為座無虛席，最常發生的是陌生人必須併桌用餐；而各種膚色、老中青各年齡層顧客齊聚一堂進食的畫面也屬難得。

融合了越南和柬埔寨菜的特色，把越南粿仔條的特色發揮到淋漓盡致。除了粿條之外，金邊酥炸雞翅(Phnom Penh Deep-fried Chicken Wings) 幾乎是每桌必點菜色：炸得金黃的雞翅，淋上檸檬汁以及獨家的香料，既酸又甜，讓人嘴饞停不下來。牛肉飯(Filet Beef Luc Lac on Rice) 以及生牛肉 (Beef Filet Anchois) 也是此店的招牌菜，如果前往用餐的人數較多不妨點來分食。

人氣餐點：酥炸雞翅

D A T A • • • • • • • • • • •

✉ 244 E Georgia St Vancouver, BC V6A 1Z ☎ (604)682-5777 🕐 週一～日 10:00 ～ 21:00 💲 約 $15 / 人 ➡ 搭乘公車 #3 #8 #19 #N19，在 Main Street 上的 Main Street 上的 Georgia Street 站下車，回頭沿 Main Street 至 East Georgia Street 右轉，前行 150 公尺即可到達

醃漬的甜菜根搭配德國香腸，十分巴伐利亞風

德式熱狗吧
Bestie

在溫哥華的中國城裡的 Bestie，是家小小但人氣卻很旺的德國餐廳。並不太大的空間，一側是淺樺木色的牆，一邊是純白瓷磚壁面的廚房兼櫃檯。刻意選了不同的吊燈在吧檯和彩色桌椅的用餐座位區，簡潔明亮，活脫就是家溫暖舒適的咖啡館，任誰也不會想到和德國食物有關。從裝潢設計圖到材料購買、施工，都是店主人親力親為，甚至餐廳裡的叉子、盛盤都是兩個人到工廠親自動手機器切割、塑模窯燒而成。

餐廳裡販賣的是德國招牌食物：香腸 (wurst)、酸菜 (sauerkraut)、pretzel、啤酒，甚至想來杯白葡萄酒、炸薯條。下次經過唐人街，不妨到 Bestie 跟老闆打個招呼，試試正宗的德國香腸。

DATA

✉ 105 East Pender Street, Vancouver, BC V6A 1T5 ☎ (604) 620-1175 🕐 週日～四 11:30～22:00，週五～六 11:30～24:00 💲 約 $15～20／人 ➡ 搭乘 #4 #7 #19 #22 公車在 East Pender Street 上的 Main Street 站下車
🌐 www.facebook.com/bestiewurst

隱身邊陲地區的排隊美食
Ask for Luigi Italian Kitchen

不同於一般高檔的義大利餐廳，Ask for Luigi 是家走溫馨路線，提供家庭式餐點的小館。位於唐人街的外圍的街區，地屬偏僻，往往還沒到用餐時間便可見等候的人龍。雖然義大利麵食是該店的招牌，但各款前菜諸如油醋生章魚、烤豬骨髓、烤田螺、芝麻葉沙拉等，都是識貨的饕客必點的小菜。

主廚特別推薦的花椰菜肉球風味絕佳

DATA

✉ 305 Alexander Street, Vancouver, BC V6A 1C4 ☎ (604) 428-2544 🕐 午餐週二～五 11:30～14:30，晚餐週二～四 17:30～22:30、週五～六 17:30～23:00、週日 17:30～21:30，早午餐六～日 09:30～14:30 💲 約 $30～40／人 ➡ 搭乘 #4 #7 #290 公車在 Powell Street 的 Gore Avenue 站下車，沿著 Powell Street 東行，左轉 Gore Avenue 後前行至 Alexander Street 路口便抵達 🌐 www.askforluigi.com ℹ 12/24～27 及 1/1～2 僅供應晚餐

耶魯鎮
Yaletown

區域範圍

本區大致是 Robson Street 以南，Homer Street 與 Cambie Street 之間的狹長地段，往南直抵福溪 (False Creek) 河濱，扇形的區域沿著河邊矗立一棟棟高聳的玻璃帷幕大樓，河岸碼頭上停泊著無數的帆船和遊艇。

交通對策

搭乘公車 #C21 在 Yaletown/Beach 站或是 #C23 在 Yaletwon/Davie 站下車；搭乘 SkyTrain Canada Line 天車在 Yaletown Roundhouse Station 站下車。

百年之前的耶魯鎮是一個名副其實的「鐵道鎮」，橫跨加拿大國土的太平洋鐵路以此為西岸終點。以卑詩省內陸小鎮 Yale 為名，耶魯鎮曾經是太平洋鐵路公司在西岸的貨物裝卸場和火車總機場所在，貨運往來頻繁，造就了繁華的街市。後來太平洋鐵路終點站遷移，同時溫哥華市向西擴張，商圈轉移，這個小鎮逐漸走向落寞，幾乎成為廢墟。

所幸 1986 年溫哥華舉辦世界博覽會，市府制定了都更計畫，沿著福溪，向西延伸至史丹利公園，將沿岸的廢棄倉庫工廠全數拆除，公園綠地、

聖誕節前夕在耶魯鎮舉辦的 Candytown 氣氛歡樂

耶魯鎮臨河不少的高樓，是香港商李嘉誠所建

遊艇碼頭、市民休閒設施如雨後春筍誕生，耶魯鎮終於脫胎換骨成嶄新的新興住宅區。

福溪上平日風帆點點，公園綠地上兒童笑聲不斷。每年端午節前後，溫哥華國際龍舟賽在此舉辦，華人味十足。新造鎮吸引許多年輕人入住，耶魯鎮已經成為雅痞的聚居地。老舊的車站和廠房被適度翻新，古老和新穎同時並存，成為當地獨有的建築景觀。藝術家陸續進駐，開設了許多精美家具行、個性小店；各種美食餐館群聚，傍晚時分，酒吧露天座位上觥籌交錯，人聲鼎沸，展現溫哥華最有活力的夜生活。

耶魯鎮古老的車站，倉庫風格至今仍被保存

David Lam Park 是福溪邊最熱絡的公園

耶魯鎮地圖

Smithe Street
Nelson Street
Robson Street
Seymour Street
Richards Street
Cambie Street
Helmcken Street
Beatty Street
Davie Street
Homer Street
Terry Fox Statue
泰瑞福克斯雕像
Drake Street
Mainland Street
Blue Water Cafe + Raw Bar
BC Place Stadium
卑詩體育館
Pacific Boulevard
Hamilton Street
Cioppino's Mediterranean Grill
Brix Restaurant & Wine Bar
JJBean Coffee Shop
Yaletown Brewing Co.
Mister Artisan Ice Cream
Flying Pig
Rodney's Oyster House
Yaletown-Roundhouse Station
(Canada Line)
Urban Fare Market
Engine 374 Pavilion
蒸汽火車展館
OEB Breakfast Co. Yaletown
Provence Marinaside Restaurant
Roundhouse
Turnabout Plaza
扇形轉車台廣場
David Lam Park
Cambie Bridge

鐵道迷絕對不能錯過
蒸汽火車展館及扇形轉車台廣場
Engine 374 Pavilion & Roundhouse Turnabout Plaza

1887 年 5 月 23 日溫哥華有史以來第一列火車在數百人的歡呼聲中緩緩駛入耶魯鎮的火車站。在這歷史性一刻，鐵軌橫跨加國遼闊的領土，加拿大東西兩岸終於被串聯，火車頭 Engine 374 居功奇偉。1945 年退役，火車頭被慎重地保存下來，在耶魯鎮精華地段的玻璃屋展示間內安享天年，讓人們親近她，了解她輝煌歷史。

玻璃屋展示間一旁即是扇形轉車台廣場。當年被用作停車場的廠房被改為社區中心；轉車調度的轉車台則改建成市民休憩的廣場。廣場上隨意放置造型特異的豔紅色躺椅，是市民欣賞戶外藝術表演活動的最愛。轉車台的扇形軌道、當年遮蔽火車的巨型帆布鷹架以及磚紅停車場的舊式車門等皆被完整修復，扇形轉車台廣場散是鐵道迷們不能錯過的活古蹟。

火車展示館另一邊是該地區的市民活動中心，是溫哥華爵士音樂節舉辦的場地之一。

D A T A

✉ 181 Roundhouse Mews, Vancouver V6Z 2W3 ☎ (604)713-1800 ◷ 週一～五 09:00 ～ 22:00，週六～日 09:00 ～ 17:00 🚫 國定假日 💲 免費
➡ 搭乘 SkyTrain Canada Line 天車在 Yaletown Roundhouse Station 站下車，出站後左轉，穿過 Pacific Boulevard 後展館就在右手邊 🌐 roundhouse.ca

玻璃展示間是老火車頭 Engine 374 退休後的家

扇形轉車台廣場是市民休閒的場所

散發七彩光芒的皇冠造型體育館
卑詩體育館及泰瑞福克斯雕像
BC Place Stadium & Terry Fox Statue

只要從遠處或是空中鳥瞰溫哥華市，最顯眼的一個建築絕對是卑詩體育館。這個有著皇冠造型的體育館聳立在高樓大廈間，白天是體育競技場，入夜後散發七彩燈光，倒映在福溪河面，從對岸的奧運選手村隔河遠望，體育館融入溫哥華夜景，猶如一幅風格強烈的印象畫。

卑詩體育館目前是 Vancouver Whitecaps FC 足球隊以及 BC Lion 美式足球隊的主場，每年吸引 100 萬球類愛好者入場觀賽。場館外廣場上陳列了數尊泰瑞福克斯 (Terry Fox) 跑步中的雕像，吸引眾多遊客拍照合影。這位加拿大男孩 17 歲罹癌後不向命運屈服，即便截肢後仍發願長跑跨越加拿大領土，作為公

益募款。雖然最後壯志未酬，但堅毅不撓的精神感動無數人，泰瑞福克斯已成為加拿大的傳奇人物。

泰瑞福克斯是加拿大人心目中與癌症對抗的英雄

D A T A

✉ 777 Pacific Blvd. Vancouver, BC V6B 4Y8 ☎ (604)669-2300 ➡ 搭乘 SkyTrain Expo Line 天車在 Stadium-Chinatown 站下車，沿著 Beatty Street 向南步行 2 個街區至 Terry Fox Plaza 即抵達 http www. bcplacestadium.com ℹ 平日不對外開放，僅體育賽事舉辦時段方可進入

從福溪遠眺卑詩體育館

匯集世界各地音樂家、樂團的年度盛事

溫哥華國際爵士音樂節
TD Vancouver International Jazz Festival

已有 30 年歷史的溫哥華爵士音樂節，無疑是北美大型爵士音樂活動的重頭戲。每年從 6 月中旬到 7 月初為期 2 週，世界各地知名爵士音樂家、樂團在溫哥華齊聚一堂。超過 1,800 個藝術表演者、300 場爵士

正在 David Lam Park 舉辦的爵士音樂節

音樂會在溫哥華市內數地同時舉辦，免費的、付費的音樂會任君挑選。

位於 Yaletown 的 David Lam Park 是此音樂會的大本營，活動期間每到午後，總見不少溫哥華人打赤腳，輕便穿著，隨著舞台上的音樂在草底上渾然忘我地起舞。上網瀏覽活動網站上演出場次資料，挑幾場自己喜歡的樂團，加入搖擺的行列吧！

D A T A ....

✉ David Lam Park, 1300 Pacific Boulevard, Vancouver, BC, Canada
💲 $0 ～ 50 ／場，依場次不同
🔗 www.coastaljazz.ca

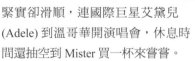

巧克力 Oreo 是艾黛兒 (Adele) 指定的口味

國際巨星欽點的冰淇淋

Mister Artisan Ice Cream

近兩年液態氮 (liquid nitrogen) 製作的冰淇淋在溫哥華方興未艾。現點現做是最大賣點，但更吸睛的是製作時中液態氮汽化蒸發，冰淇淋夢幻般自瀰漫的煙霧中完成，過程充滿戲劇張力。Mister 最

Mister 的店面原是火車站倉庫

出名的口味是焦糖烤布蕾和雙重奧利奧，口感緊實卻滑順，連國際巨星艾黛兒 (Adele) 到溫哥華開演唱會，休息時間還抽空到 Mister 買一杯來嘗嘗。

D A T A ....

✉ 1141 Mainland Street, Vancouver, BC V6B 5P2 📞 (778) 378-2833 🕐 週日～四 12:00 ～ 22:00，週五～六 12:00 ～ 23:00 💲 約莫 $6 ～ 10 ／人 ➡ 搭乘 SkyTrain Canada Line 在 Yaletown-Roundhouse Station 站下車
🔗 madebymister.com

鮮釀啤酒的酒吧之王
Yaletown Brewing Co.

海鮮料理奶油淡菜

炎炎夏夜，有什麼比一杯鮮釀的啤酒更消暑？耶魯鎮是溫哥華著名的「酒吧一條街」，當初貨運用的古老火車月台，如今變成餐廳的戶外用餐區。而 Yaletown Brewing Co. 則是這條街裡的酒吧之王，除了餐廳自己釀製的口味眾多的鮮啤，這裡分量大、中西各種餐點兼具的菜色令人目不暇給。入夜後，年輕人呼朋引伴，人聲鼎沸，溫哥華的夜生活原來就在這裡！

D A T A

⊠ 1111 Mainland Street Vancouver, BC V6B 2T9 ☎ (604)681-2739 🕐 週日～三 11:30 ～ 00:00，週四 13:00 ～ 01:00，週五～六 11:30 ～ 03:00 💲 約 $25(午餐) ～ 40(晚餐)／人 ➡ 搭乘 SkyTrain Canada Line 天車在 Yaletown Roundhouse Station 站下車，出站後右轉，沿 Davie Street 至 Mainland Street 右轉，前行 100 公尺即抵達 http www. mjg.ca/yaletown

Yaletown Brewing Co. 的露天座位，被評為全溫哥華最佳的戶外用餐區之一

猛男生蠔海鮮館
Rodney's Oyster House

本海鮮餐館可以排入溫哥華生蠔餐廳前三名。除了整家餐廳洋溢地中海海洋風，所有服務員清一色是男性，壯碩體型身著短褲，和生蠔代表的精力旺盛相呼應。除了提供各地區不同品種的生蠔，各類水煮現炒海鮮稱得上生猛新鮮。週一到週六下午 3 點到 6 點是 Happy Hours「低潮時段 (Low Tide)」，生蠔一律特價，精打細算的饕客絕對不能錯過。

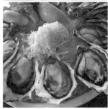

許多顧客是衝著新鮮生蠔而來

D A T A

⊠ 1228 Hamilton Street, Vancouver, BC V6B 6L2 ☎ (604)609-9941 🕐 週一～日 11:30 ～ 23:00 💲 約 $20／人 ➡ 搭乘 SkyTrain Canada Line 天車在 Yaletown Roundhouse Station 站下車，出站後右轉，沿 Davie Street 至 Hamilton Street 左轉，前行 50 公尺即抵達 http rohvan. com

深受年輕人喜愛的平價飛豬
Flying Pig

　　3 年內連開 3 家分店，足以證明 Flying Pig 不是一隻等閒的豬！位於 Yaletown 的這家 Flying Pig 是創始本店，店內風格走的是時尚鄉村風，餐點方面選用當地食材，新創北美西餐風格。流行的元素、扎實的美味，加上親民的價格，成為耶魯鎮最受歡迎的平民餐廳。

Flying Pig 的各式義大利麵

DATA

✉ 1168 Hamilton Street Vancouver BC V6A1X4 ☎ (604)568-1344 🕐 週一～五 11:30 ～ 00:00，週六～日早午餐 10:30 ～ 14:30、晚餐 15:30 ～ 00:00 💲 約 $20 ／人 ➡ 搭乘 SkyTrain Canada Line 天車在 Yaletown Roundhouse Station 站下車，出站後右轉，沿 Davie Street 至 Hamilton Street 右轉，前行 50 公尺即抵達 🌐 www.theflyingpigvan.com

餐廳內有許多不同形態的飛豬

亞伯達省的知名早餐店
OEB Breakfast Co. Yaletown

位於耶路鎮海灣碼頭旁的 OEB 有著極佳的視野。店名來自「Over Easy Breakfast」，意即「輕鬆吃早餐」，是一家來自鄰省卡加立市 (Calgary)，全日提供早餐的知名餐廳。OEB 宣稱採用的食材都取自當地，強調就是新鮮，創新廚藝，以及食物的「靈魂」。

不論是班尼蛋、三明治、歐姆蛋包，或是加拿大引以為傲的薯條肉汁普汀 (poutine)，OEB 的每一道餐點都是色彩豐富，擺盤漂亮。經典早餐 (Classic Breakfast) 提供了煎得金黃的 3 種不同火腿，取自放山雞的煎蛋、以鴨油油炸的薯條、搭配楓糖豬肉香腸，是該餐廳的點餐排行第一名。

法國吐司 French Toast Trifle 是店內最受歡迎的一道餐點

DATA

✉ 1137 Marinaside Crescent, Vancouver, BC V6Z 2Y3 ☎ (604) 423-3447 🕐 週一～日 07:00～15:00 ➡ 搭乘 SkyTrain Canada Line 在 Yaletown Roundhouse Station 站下車，出站後沿著 Davie Street 南行，至 Marinaside Crescent 圓環左轉 🌐 eatoeb.com

叫我西海岸海鮮第一名
Blue Water Cafe + Raw Bar

這家夜裡透著藍光，餐廳裡無時不座無虛席，是耶魯鎮最知名的餐廳。之所以評價高，除了主廚 Frank Pabst 經常獲得各項大獎，餐廳的海鮮更是以新鮮質佳聞名。在這裡可以選擇各類的生食海鮮，如生蠔、沙西米，熱食更涵蓋來自各大洋的魚類、龍蝦、帝王蟹、鱘龍魚等海產。餐廳的服務亦佳，酒單完整，是溫市品嘗西北岸海鮮的首選。

DATA

✉ 1095 Hamilton Street, Vancouver, BC V6B 5T4 ☎ (604) 688-8078 🕐 晚餐：週一～日 17:00～23:00，酒吧：週一～日 16:30～01:00 💲 約 $40～60／人 ➡ 搭乘 SkyTrain Canada Line 在 Yaletown Roundhouse Station 站下車，出站後沿著 Mainland Street 北行，至 Helmcken Street 左轉至 Hamilton Street 路口便抵達 🌐 www.bluewatercafe.net

門前滿眼綠意的 Blue Water Cafe + Raw Bar

125

Vancouver
Harbour

English
Bay

史丹利公園
Stanley Park

從史丹利島遠看黃昏的溫哥華天際線

區域範圍

位於溫哥華市中心西端的海濱公園,是一個突出於英吉利灣的半島。南方與溫哥華西尾區相連,北方以獅門橋與北岸城市相通。

交通對策

搭乘公車 #19 進入史丹利公園,在 Stanley Park Loop Bay 2 下車。唯公園占地不小,建議抵達後換搭遊園公車。自行開車者可以付費後在公園內任何停車位停靠。全島道路單行道,公園內速限 30 公里,須小心駕駛,以免超速被開罰單。

史丹利公園北臨布洛德內灣,西臨英吉利灣,面積為 1,001 公頃,是北美地區最大的市內公園。公園保持原始森林的面貌,絕少人造景物和建築,樹種以紅杉、北美黃杉等針葉樹木為主,約莫有 50 萬棵。數千棵百年老樹在 2006 年一場大風暴中斷折倒塌,是該公園數十年來最大的一次自然災害。

19 世紀中葉以前的一千餘年,本公園是原住民的生活區域。西元 1791 年英國船長喬治溫哥華航行至此處,是首批接觸當地原住民的歐洲人。1858 年菲沙河谷淘金熱興起,英國來的大批商賈、移民、

公園內沿海人行專用步道

圖騰柱公園

淘金客陸續抵達。1886年此半島被命名為「第一公園」(First Park)，兩年後更名為史丹利公園，是以被英國派來加拿大擔任第六任總督 Lord Stanley 的名字而命名。

　　現今的史丹利公園每年吸引800萬人次的遊覽，除了是溫哥華名列前茅的觀光景點，更是市民的休閒公園。春夏季裡各品種櫻花、玫瑰花處處綻放；錯綜複雜的森林步道是城市人的芬多精。迷失湖 (Lost Lagoon) 是觀察島上自然生態動物的好去處；圖騰柱公園 (Totem Poles) 是訪客必到之處，一旁的海濱是眺望溫哥華市區天際線首選之處。全長8.85公里的海濱步道 (Seawall Trails) 環繞島嶼一周，步道上慢跑、單車或直排輪者往來不斷；即便是徒步閒走，約莫3個小時就可以走完一圈，把沿海的景致和駐足小站瀏覽完畢，諸如九點鐘大砲 (Nine O'clock Gun)、濕衣少女 (Girl in a Wet Suit) 以及最佳觀賞前往阿拉斯加郵輪進出的伐木工人拱門 (Lumberman's Arch)。

史丹利公園地圖

端坐海中大石的濕衣少女

「日本帝王號」沉船紀念碑

Prospect Point
展望點　🍴 **Prospect Point Café**

● Siwash Rock

● Stanley Park Hollow Tree

📷 **Stanley Park Seawall**

Stanley Park Drive

Pipeline Road

Stanley Park Causeway

📷 **Third Beach**
第三號海灘

● Beaver Lake

Lumberman's Arch
伐木工人拱門

Miniature Train ●
公園小火車

🍴 **The Teahouse Restaurant**

Japanese Canadian War Memorial
日裔加籍戰士紀念碑

Girl in a Wet Suit
濕衣少女

● 日本帝王號沉船紀念碑

Avison Way

Vancouver Aquarium
溫哥華水族館

Totem Poles
圖騰柱公園

Nine O'clock Gun
九點鐘大炮

North Lagoon Drive

Lost Lagoon 迷失湖

Lost Lagoon Nature House

北美三大水族館之一
溫哥華水族館 Vancouver Aquarium

擁有 9,000 屬種、50,000 隻水族生物的溫哥華水族館，是北美三大水族館之一。落成於 1956 年，開幕至今已吸引超過 2,700 萬人次的旅客。2014 年整修竣工，以全新面貌迎接客人。

館裡以大自然氣候和洲別來區隔生物品種，諸如加拿大北極洋區、太平洋區、亞馬遜河域、南極企鵝區等。小白鯨、鯊魚、巨型章魚等是熱門觀賞動物；深海動物區以及水母水族缸是最吸引人的兩區。4D 劇場以 3D 立體影像，外加味道、氣流、霧氣讓你如置身深海，近距離觀賞海底世界。

水族館門口的雕塑也是不可錯過的景點。古樸風格雕塑《水族之王》(Ocra, Chief of the Undersea World) 挺著背鰭高高躍起，是知名原

住民藝術家比爾雷德 (Bill Reid) 的作品，成為水族館最熱門的拍照地點。

DATA

✉ P.O. Box 3232, BC, V6B 3X8
📞 (604)713-1800 🕐 週一～五 09:00 ～ 22:00，週六～日 09:00 ～ 17:00 休 國定假日 💲 成人 $38，老人 (65 歲以上)、學生或青少年 (13 ～ 18 歲) $30，孩童 (4 ～ 12 歲)$21，3 歲以下嬰幼兒免費
http www.vanaqua.org

遠眺山景、海景的最佳視野
展望點 Prospect Point

位於史丹利公園的最北端，是溫哥華遠眺北面群山視野最好的景點之一。以船頭的造型高踞在山頭上，懸崖下是萬頃的海水。近處是獅門橋，綠色鋼纜吊橋高高橫跨在布洛德內灣上方，壯觀的程度可與舊金山金門大橋比擬。西溫和北溫兩個城市隔海相望，高級住宅沿著山坡層層相疊，冬季時分遠峰山巔白雪皚皚，270度寬闊的海景視野，氣度恢宏，讓人有登泰山小天下的感觸。

夏天的展望點遊人如織，一旁的 Prospect Point Café 座無虛席；沒時間用餐的遊客從店前的小攤買球冰淇淋清涼一下。路邊經常有浣熊出沒，引起年輕人和小孩的圍觀，也是此景點特殊景觀之一。

D A T A

✉ 5601 Stanley Park Drive, Vancouver, BC V6G 3E2 ☎ (604)669-2737 💲 免費
http prospectpoint.com

水氣瀰漫的獅門橋

1. 布洛德內海的夕陽
2. 獅門橋夜景

櫻花伴戰士英靈長眠
日裔加籍戰士紀念碑
Japanese Canadian War Memorial

位於溫哥華水族館後方，一座高34英尺、大理石打造的日本宮燈樣式紀念碑，是為了紀念在第一次世界大戰中捐軀的日裔加拿大士兵。每年11月11日戰士陣亡紀念日，加拿大各地舉辦都紀念活動，在紀念碑是重要的活動場地之一。紀念碑旁是溫哥華市唯一一棵大提燈籠櫻花；每當春天，紀念碑西側一片白妙櫻櫻花林盛開，白色花朵似海，與綠色草地相襯，美不勝收，吸引當地人來此野餐、賞花。

DATA ·····················
✉ 位於溫哥華水族館後方 💲 免費

被樹林圍繞濃厚日本風味的紀念碑

海灘推薦：Third Beach(參見 P.33)
燈飾推薦：Bright Nights at Stanley Park(參見 P.46)

9公里的環島景觀步道
Stanley Park Seawall Path

山海之濱的五星級單車道

單車遊史丹利公園，是欣賞這個公園美景最好的方式之一。在公園入口不遠處即有單車出租店可租借腳踏車，一路在緊偎著大海的步道，用自己的速度徜徉在森林與海的交界處。

環繞一圈車程長達9公里，腳程快的1小時內就可騎一圈；若是放慢速度，一路將史丹利公園沿海的景點盡覽眼底，這段2～3個小時的單車遊覽絕對讓你永生難忘。

DATA ·····················
租車商店 Spoke Bicycle Rentals
✉ 798 West Georgia Street, Vancouver, BC V6G 2V7 📞 (604) 668-5141
🕐 週一～日 09:00 ～ 16:00 💲 視車種不同，成人 $7.62 起 / 小時，兒童 $4.76 起 / 小時 ➡ 搭乘 #19、#240、#250 公車在 West Georgia Street 上的 Denman Street 站下車 🌐 www.spokesbicyclerentals.com

在公園展望點賞景用餐
Prospect Point Café

展望點附設的餐廳

本餐廳的食物並無特出之處，提供了漢堡、三明治、薯條炸魚餐等典型西式餐點。但是絕佳景觀是該餐廳經常客滿的原因，在餐廳的戶外用餐區，餐後手持一瓶啤酒，看獅門橋上的車輛往來，藍天貼在海景上，遠處山頂滑雪場雪亮的滑雪道，塵囂已經忘卻大半。離開不妨鑽入餐廳前的紀念品店，買些獨特的小禮物把溫哥華的記憶帶回家。

D A T A

✉ 5601 Stanley Park Drive, Vancouver, BC V6G 3E2 ☏ (604)669-2737 ◷ 週一～日 11:00 ～ 18:00 💲 約 $15 ～ 20 / 人 🌐 prospectpoint.com/dining

坐擁史丹利公園美景
The Teahouse Restaurant

坐落在史丹利公園的最西端，森林環繞，依臨布洛德內灣，遠眺溫哥華島，Teahouse 享有 270 度零視障無敵海景。1950 年代以「英式茶屋」的形態開業，數十年來，Teahouse 已經化身為溫哥華西海岸菜系 (West Coast) 的代名詞。

坐在純白桌巾前，陽光從玻璃屋屋頂灑下，海景一覽無遺。傍晚雲霞貼在金黃豔橘或淡紅的天際，繁星在漆黑舞台跳躍，美景伴美食，是人間一大享受。

D A T A

✉ 7501 Stanley Park Drive, Vancouver, BC V6G 1Z4

☏ (604)669-3281

◷ 午餐：週一～五 11:30 ～ 1600，晚餐：週一～日 16:0 ～ 00:00，早午餐：週五～六 10:00 ～ 15:00

💲 約 $20 ～ 40 / 人

🌐 www.vancouverdine.com/teahouse

被樹林圍繞，面向海洋的 The Teahouse

English Bay

Vancouver Harbour

格蘭佛島
Granville Island

格佛蘭橋下是水上活動愛好者的天堂

區域範圍

位於溫哥華市中心南側,突出於福溪河中的小半島。格蘭佛橋 (Granville Bridge) 橫跨其上,朝北隔著河與市中心相望,南向鄰著 Lamey's Mill Road 與溫哥華市接壤。

交通對策

公車:搭乘公車 #C50 在 Granville Island 站下車,沿著 West 2nd Street 南行,在 Granville Bridge 橋下左轉 Anderson Street 即進入 Granville Island。

搭船:從溫哥華市中心 Yaletwon 的河邊搭乘 Aquabus(俗稱水上小巴) 或是 False Creek Ferry,可在 Granville Island 碼頭下船。Aquabus 網站:www.theaquabus.com

19 世紀末的格蘭佛島是工業區,聚集了鋼鐵、水泥、鋸木業等大型廠房。第二次大戰以後,溫哥華市日益繁榮,已有人倡議工業區應該自市中心外移。1970 年代因污染問題,工業區陸續停工。其後溫哥華都市發展局通過了改建計畫,經過徹頭徹尾的翻修,格蘭佛島已成為大學、工業、藝術工作坊、公眾市場以及餐飲商店等複合商業區。

現今的格蘭佛島是溫哥華景點第一名,每年吸引 1,000 萬名旅客前來觀光。當年鐵皮屋廠房,化身為藝術家工作坊,手工陶瓷、玻璃、織品、雕刻等藝品店林立,儼如紐約市的 SOHO 區。公眾市場裡有如聯合國,生鮮蔬果、熟食鋪、甜品咖啡館、工藝品攤位店店相連,逛上半天都不覺

格佛蘭島入口地標

得累。市場旁廣場上的海鷗和街頭藝人是兩大看頭；天氣晴朗時，端一杯咖啡，看福溪河面各式各樣的大小船隻、遊艇來往穿梭，或是遠眺溫哥華市中心高樓成群，由近而遠的林貌山色，是水岸生活最大的享受。

肚子餓了，不妨來份海鮮濃湯或炸魚餐吧！小島上海鮮餐館處處，從簡單的小館到無敵河景的高級餐廳任君選擇。帶著小孩的不妨來兩球奶味濃郁的義式冰淇淋 (Gelato)；年輕人和三五好友來一手島上現釀的生啤酒，酒酣耳熱後情感會更麻吉。

如果想舒展一下筋骨，沿著河邊步道繞行小島一周，瀏覽工業區時期遺留下來的軌道和鐵皮廠房、人們在河上划行獨木舟的身影，春季櫻花映照水面，夏季帆影點點，四季都有好風景。來格蘭佛島逛逛，既看人文又賞自然，半天不算多，一天不嫌長。

街頭藝人老先生怡然自得地唱著歌

格蘭佛島地圖

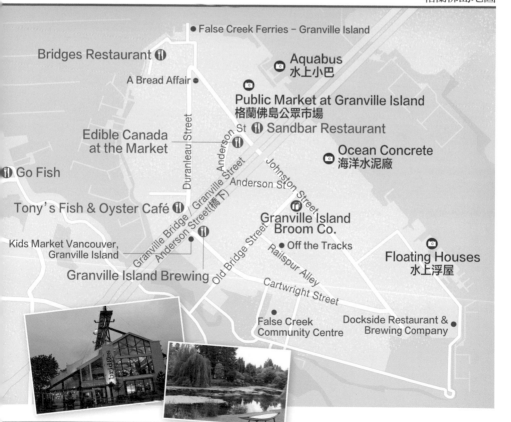

公眾市場旁的廣場

格蘭佛島上住戶的可愛郵箱

溫哥華漁人碼頭的船隻

格蘭佛島上海鮮餐廳
Sandbar 的煎鮭魚

Edible Canada 的招牌普汀 (Poutine)

龍蝦批發店 Lobster Man
遠近馳名

提供多種商品的生活補給站

格蘭佛島公眾市場
Public Market at Granville Island

公眾市場是格蘭佛島上最有活力的一區。在市場裡，除了原本有超過 50 個固定攤位 (Day Venders)，天天固定提供美食、生鮮農產品，還有約莫 150 個每週不定期更換的攤販，提供各種特色食品、手工藝品來吸引顧客；三不五時，藝術表演者、街頭藝人常來進駐獻藝。(公眾市場詳細內容，參見 P.74)

D A T A

✉ 1661 Duranleau Street, Vancouver BC V6H 3S3 ☎ (604)666-6655
ⓒ 週一～日 09:00 ～ 19:00
🌐 granvilleisland.com

生鮮蔬果是格蘭佛島公眾市場色彩最豔麗的攤位

中古世紀神祕專賣店

飛龍專賣店 DragonSpace

打開厚重的木門，就像是走入哈利波特的黑魔法世界——店如其名，這是一家飛龍的專賣店。個個面孔猙獰、面露凶光，姿態矯健，從大型雕塑、燈具、珠寶首飾、小塑像、西洋棋、書籍，甚至是服飾，全是西洋龍造型。

除了各式各樣的飛龍，精靈、幻境女神、妖怪神獸、巫術、中古世紀凱爾特神話等商品也充斥店內，讓人走在店內的每一步都有驚奇。如果你對威卡巫覡教 (Wicca) 有興趣，DragonSpace 也提供該宗教的魔杖、拂塵等器具。

想像力豐富的機械雙龍雕塑作品

D A T A

✉ 106-1551 Johnston St. Vancouver, BC V6H 3R9 ☎ (604) 689-8931
ⓒ 週一～日 10:00 ～ 18:00
🌐 www.dragonspace.ca

現代版水上人家
水上浮屋 Floating Houses

打開窗，麵包屑在手掌上，馬上就有海鷗飛來站在窗台來啄食。雨天裡想釣魚卻不想淋濕，把釣竿伸出窗外，一邊看電視轉播冰上曲棍球比賽一邊等魚兒上鉤。天氣好的時候，想搭船出去蹓躂，打開大門跳上門廊邊的獨木舟，或是遊艇立馬享受海風吹拂。

福溪岸邊 Johnson Street 沿河兩排搭建在河上甲板的房屋隨波搖曳，屋主們過著標準的水上人家生活。雖然遊客無法走進屋舍裡參觀，但光是看那風格各異的 13 戶河上獨立屋，入口處以小花點綴的小郵箱，就可以感受到住戶是多麼講究生活情調。

現代水上人家生活

DATA
✉ 格蘭佛島北岸的 Johnson Street
ℹ 只可於岸上觀賞，不可進入屋內參觀

搭著小蜜蜂，盡覽福溪河風光
水上小巴 Aquabus

漆成繽紛彩虹、胖胖的身體，像小蜜蜂一樣往於福溪兩岸的水上巴士是遊客的最愛。單趟船資只要 $3.25 起，就可以搭乘冒著白煙的小船，搖搖晃晃前往福溪兩岸 8 個碼頭任一，沿途盡覽福溪河上風光，北岸玻璃帷幕高樓群起的市中心、南岸格蘭湖島歷史的軌跡，以及身邊撥槳錯身划過的獨木舟。

如果時間充裕，1 日票也不過 $15，可以當天無限次搭乘，從布洛德橋到科學館之間的每一個碼頭上岸，把福溪沿岸所有餐廳美食、風帆點點的碼頭勝景一次領略。

DATA
✉ 230-1333 Johnston Street Vancouver, BC V6H 3R9 📞 (604)689-5858 💲 $3.25 / 趟 🕐 週一～日 06:45 ～ 20:00，最早及最晚班次依每個碼頭不同
http theaquabus.com

班次頻繁的水上小巴

6 座水泥廠彩繪大變身
海洋水泥廠 Ocean Concrete

早期的格蘭佛島是個污染嚴重的工業區，經過政府和當地居民的努力，已重回自然的原貌。絕大部分的工業已遷出，僅保留水泥廠和少數遊艇造船廠，成為憑弔此工業島的景觀。島上的海洋水泥廠原本就是個創意十足的工廠，工廠進進出出的水泥預拌車彩繪成蔬果，是溫哥華市街景一絕。

配合「溫哥華藝術雙年展」的開幕，海洋水泥廠接受雙胞胎巴西藝術家 Os Gemeos 的建議，讓廠內 6 座水泥圓形建築大變身。身長 21 公尺，色彩鮮豔，身穿印花圖案的卡通人物穿著垮褲，眯著眼睛俯瞰溫哥華市民以及遊客，成為格蘭湖島上最吸睛的風景。

DATA

✉ 1415 Johnston Street, Vancouver BC V6H 3R9 💲 免費 http www.oceanconcrete.com ℹ 不對外開放，只在每年 4 月底 Open Door Day 當天對外開放參觀

海洋水泥廠像是遊樂園般七彩可愛

是掃帚也是藝術品
Granville Island Broom Co.

成立於 2010 年，短短不到十年間 Broom Co. 已成為島上最知名的商店之一

這可能會是霍格華茲學校的學生最愛的商店。顧名思義，Broom Co. 掃帚公司只販售掃把。走進商店，迎面衝來的是藺草香味；有限的店面牆壁上的貨架，掛滿一枝枝手工打造的掃帚：長者可達 1 米 5，短的拿來刷抹茶碗剛剛好。

員工在現場手編掃帚，也是行銷手法之一

商店一角，兩位店員坐在木製機台上搓揉著藺草，猶如透明廚房。不要小看這些搓搓弄弄出來的掃帚，每枝把柄都是獨一無二，光滑浸潤，如藝術品般妖嬈扭身。藝術品的價格不斐，即便如此，店裡遊客川流不息，堪稱島上的名店第一名。

D A T A

✉ 1406 Old Bridge St, Vancouver, BC V6H 3S6 ☎ (855) 519-0506 ◷ 週一～日 10:00~18:00 🌐 broomcompany.com

---

漁人碼頭邊的炸魚餐
Go Fish

面對福溪的帆船點點、溫哥華市中心高樓水上倒影，以及遠處白雪皚皚的山頭，你在 Go Fish 付出的錢不只那盤熱呼呼的炸魚片。山、海、城市三合一美景，在別處就算花上 10 倍的價錢也買不到。Go Fish 漆成藍色鐵皮小屋，遠看頗有希臘的味道。冒著煙的炸魚片承裝在中國人專用的竹製蒸籠裡，這巧思讓顧客方便取用食物。 比目魚、鮭魚以

外酥內軟的炸魚排

及鱈魚 3 種選擇，外表炸得黃金酥脆，魚肉鮮嫩；搭配微酸的醃高麗菜沙拉 (coleslaw)，就著無敵港邊風景，美味加倍。

Go Fish 只有戶外用餐區

D A T A

✉ 1505 West 1st Avenue, Vancouver, BC V6J 1E8 ☎ (604)730-5040 ◷ 週二～五 11:30 ～ 18:00　週六～日 13:00 ～ 18:00 💲 約 $8 ～ 20 /人 🌐 twitter.com/GoFishVancouver

Tripadvisor 熱門推薦的海鮮餐廳
Tony's Fish & Oyster Café

位於格蘭佛島入口處，不起眼的小店卻是 Tripadvisor 網站熱門推薦餐館之一。餐廳空間小，裝潢簡略，完全不減顧客遊興。老闆娘和服務生的態度親切，讓人賓至如歸；薯條炸魚片、乾煎牡蠣是招牌菜，但不可錯過的是湯濃料多的蛤蠣濃湯。

D A T A

✉ 1511 Anderson Street, Vancouver BC V6H 3R5 ☎ (604)683-7127 💲 約 $10～20／人 🕐 夏季：11:30～22:30，冬季：週一～六 11:30～20:00、週日 11:30～19:00 http www.tonysfishandoystercafe.com

海鮮湯料多味美

廣獲媒體雜誌報導的西海岸料理
Edible Canada at the Market

自家廚師得獎無數的餐廳就開在公眾市場旁，報導過的媒體和文章不計其數。強調加拿大西海岸食系，每一道菜端上桌都美得讓人驚豔。炭烤鮭魚和以鴨油油炸的薯條吃過的人無不稱讚；早餐的炸薯餅 (Hash Browns) 好吃到連美食評論家都說吃過再也無法品嘗其他餐廳的薯餅。

D A T A

✉ 1596 Johnston Street Vancouver, BC V6H 3R9 ☎ (604)682-6681 🕐 早午餐：週六～日 09:00～15:00，午餐：週一～五 11:00～15:00，吧檯輕食：週一～五 15:00～17:00，晚餐：週日～四 17:00～21:00、週五～六 17:00～22:00 http www.ediblecanada.com

Edible Canada at the Market 不但是餐廳，還提供島上美食導覽

景觀餐廳推薦：The Sandbar Restaurant(參見 P.71)、Bridges Restaurant(參見 P.73)

費爾幽/南格蘭佛街區
Fairview & South Granville

區域範圍

Fairview 東起 Cambie Street，西達 Burrard Street；北面緊鄰福溪，南至 16th Avenue。

交通對策

搭乘 SkyTrain Canada Line 在 Broadway-City Hall 站下車。#15 是 Cambie Street 的主要公車路線，#10 是 Granville Street 的主要公車，兩線公車皆可抵達 Fairview 區域。#99B 和 #9 則是行駛在 Broadway 上，串聯 Cambie Street 和 Granville Street 兩個重要的商圈。

本區以 Cambie Street、Broadway 以及 Granville Street 3 條主要道路縱橫，是溫哥華市中心以外最熱鬧的商圈。1860 年代以前本區仍是未開發的大片森林，1890 年以後城市電車沿著 Broadway 興建，輕軌街車 (Streetcars) 在路上穿梭，本區商業活動才開始熱絡起來。至今在 Granville Bridge 橋下仍存有當年街車鐵軌遺跡，Granville Street 上百年前的建築依然保存良好，見證該區興盛的歷史。

自成一格，各種機能兼具是本區的特色。金融商業機構、餐飲食肆、輕工業與高級公寓住宅和諧地融合；市立醫院、市政大樓、警察總局等溫哥華市重要的機構都在此區。1St Avenue 至

外觀依舊亮麗的 South Granville 的百年建築

Broadway 之間的 Granville Street 是溫哥華知名的美術畫廊區，數十家風格不一的藝廊群聚，整個街區散發濃濃的藝術氣息。

W. Broadway 與 W. 16th Avenue 之間的 Granville Street 鄰近全溫市最高級的香納喜豪宅區 (Shaughnessy)，優雅的家飾店、精品服飾、高檔餐廳沿街道兩旁林立，在此逛街用餐可以消磨一個下午。

位於 W. 33rd Avenue 的伊莉莎白女王公園以及 W. 37th Avenue 附近的凡杜森植物園是溫哥華市重要的兩大公園綠地；在 W. 41st Avenue 上的橡樹嶺購物中心 (Oakridge Centre) 則是溫哥華早期的高級購物廣場，目前仍是城市南區重要的消費重鎮與交通往來樞紐。

藝廊街路旁的雕塑

費爾幽／南格蘭佛街區地圖

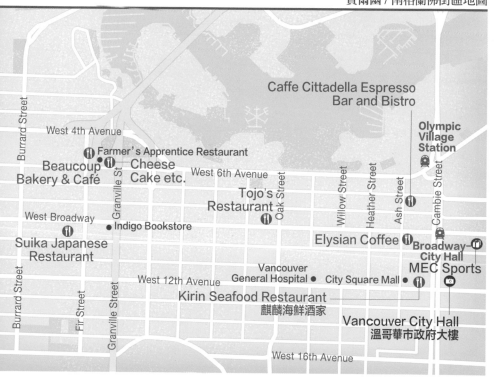

141

運動用品的聖殿
MEC Sports

West Broadway 的東段在溫哥華有「體育用品一條街」的稱號，MEC 就在這一段路的中心點。

堪稱加拿大最知名的體育、戶外用品店，MEC 只販售自身品牌的各類運動商品。數萬種商品，除了服飾之外，以單車、滑雪、露營等休閒設備最齊備。

該店採會員制，消費前需先加入會員 (會員費 $5)，可在全加拿大 20 多家分店購物。

露營專用口糧

MEC 堪稱露營用品最齊備的專賣店

DATA

✉ 130 W Broadway, Vancouver, BC V5Y 1P3 ☎ (604) 872-7858 ◎ 週一～三 10:00 ～ 19:00，週四～五 10:00 ～ 21:00，週六 09:00 ～ 18:00，週日 10:00 ～ 18:00 ➡ 搭乘 SkyTrain Canada Line 在 Broadway-City Hall 站下車，出站後沿著 West Broadway 東行，至 Columbia Street 便抵達 🌐 www.mec.ca

裝飾藝術風的市長辦公室
溫哥華市政府大樓
Vancouver City Hall

在搬遷至現址之前，溫哥華市政廳曾流離多個地點。落成於 1936 年年底的市政廳位於 Cambie Street 上，耗資約 100 萬加幣，是加拿大首座非位於市中心的市府大樓。整座大樓屬於左右對稱的裝飾藝術性風格 (Art-Deco)，1976 年被溫哥華市政府列為 A 級歷史建築。對建築藝術有興趣者，不妨仔細觀賞其大理石堆砌的大廳、精雕細琢的木製電梯門，以及古樸的圓柱形宮燈。走出建築北面出口，矗立著左手拿著地圖，右手指著遠方的溫哥華船長 (Captain Vancouver) 雕像，他是第一個發現這個城市的英國海軍，此城市便是因他而命名。以雕像為前景，市政大樓為背景，這是和市政廳合照的最佳地點。

在市政府大樓北面廣場的溫哥華船長雕像意氣風發

DATA

✉ 453 West 12th Avenue, Vancouver, BC V5Y 1V4
☎ (604)873-7000 🕐 週一～五 08:30 ～ 17:00
💲 免費 ➡ 搭乘 SkyTrain Canada Line 或公車 #99 在 Broadway-City Hall 下車，出站後沿 Cambie Street 向南，在 West 12th Avenue 左轉即可到達。搭乘公車 #15 在 Cambie Street 路上的 West 12th Avenue 站下車 🌐 www.vancouver.ca

建築物頂端四面有時鐘，是溫哥華市政府大樓的特徵

占地廣大，可欣賞四季不同的景色
凡杜森植物園
VanDusen Botanical Garden

被譽為北美十佳植物園之一的凡杜森植物園，前身為高爾夫球場。開闊廣袤，綠草如茵的美景，是一般植物園最大不同之處。占地 22 公頃，園內以植物屬性及產地劃分區域，如北美紅杉區、加拿大傳統植物區、紐澳公園、南美花園、中國修竹區等，植物品種的多樣性極為可觀。

四季皆有看頭：春季的木蘭和垂櫻，夏季的玫瑰園，秋季變葉木黃紅妃紫，冬日枯木蕭條。園內水池、瀑布、小山丘錯落有致，搭配季節性的藝術雕塑展覽，呈現優雅的西式園林風格。3,000 棵小柏樹園建的迷宮不只受兒童喜愛，成年人亦樂此不疲。園內種滿杜鵑花家族的步道，每當春暖超過 60 種杜鵑先後綻放，熱鬧萬分。

於 2011 年投入營運的遊客中心，是世界上第四個獲得「生態建築」認證的綠建築。外型有如花朵綻放一般，能收集雨水、回收廢水，太陽能也是該建築用電的來源。

每年 4 月初的「日本文化節」是結合日式慶典和賞櫻的活動；4 月底5 月初，一年一度的「植物拍賣日」(VanDusen Plant Sale) 是溫哥華市民血拚植物的大日子；當天植物園免費對外開放。聖誕節的「聖誕燈飾嘉年華」(Festival of Lights) 超過 100

萬顆七彩電燈泡將冬日的植物園妝點得火樹銀花，是溫哥華冬季聖誕燈飾絕景之一 (參見 P.46)。

日本櫻花文化節是每年 4 月迎接春天的重要活動

✉ 5251 Oak Street, Vancouver, BC V6M 4H1 ☎ (604)257-8335 ⏰ 6 ～ 8 月週一～日 09:00 ～ 22:30，其餘每個月時間因季節調整 (請參照官方網站) 休 12/25 ➡ 搭乘 #17 公車在 Oak Street 街上 的 West 37th Avenue 站下車。下車後沿 Oak Street 向北走，左轉 West 37th Avenue 後約 50 公尺，植物園入口在右手邊 🔗 vandusengarden.org

	4/1 ～ 9/30	10/1 ～ 3/31
成人 (19 ～ 64 歲)	$11.25	$8.00
老人 (65 歲以上)	$8.45	$5.50
青少年 (13 ～ 18 歲)	$8.45	$5.50
兒童 (4 ～ 12 歲)	$5.50	$4.25
3 歲以下幼兒	免費	免費

1. 植物園裡四季風貌皆不同
2. 加拿大雁媽媽帶著雛鳥覓食
3. 如飛碟般造型的布洛伊岱爾溫室花園

在熱帶溫室中近身賞鳥
布洛伊岱爾溫室花園
Bloedel Conservatory

　　一座有如飛碟形狀的圓弧玻璃建築停靠在伊莉莎白女王公園的山丘頂端，四周被蓊鬱的樹林圍繞，這是 Bloedel 溫室植物園。在這植物園裡室內溫度被嚴格控制，維持著熱帶地區的氣候，好讓園區內 500 種熱帶植物，以及 120 種熱帶鳥類的生長。螺旋狀的步道導引遊客一步步深入如雨林般的林間，每一個轉彎都有陌生的植物相候。更特殊的是簡中色彩斑斕、大大小小的熱帶鳥類在遊客身邊飛翔、走跳，一不小心鳥隻還會停靠在遊客的肩膀上，引來一陣陣的驚喜尖叫。

DATA

✉ 4600 Cambie Street, Vancouver, BC V5Y 2M4 ☎ (604) 257-8584 ⏰ 週一～日 10:00 ～ 18:00 💲 成人 $6.75，青少年 (13 ～ 18 歲)、老人 (65 歲以上) $4.55(須憑證)，幼童 (5 ～ 12 歲) $3.3，大家庭套票 (大人 2 位＋ 18 歲以下 4 位) $45，4 歲以下幼童免費 ➡ 搭乘 SkyTrain Canada Line 在 King Edward 站下車，沿著 Cambie Street 南行，至 West 30th Avenue 左轉，沿斜坡登至山丘頂端 http bit.ly/2lXWZ7U

俯瞰溫市的最佳制高點
伊莉莎白女王公園
Queen Elizabeth Park

Queen Elizabeth Park 簡稱 QE Park，是為了紀念當今英國伊莉莎白女王二世的母親伊莉莎白女皇，在 1939 年拜訪溫哥華而命名。公園坐落於 Cambie Street 和 West 33rd Avenue 交叉口一帶，海拔 152 公尺，是溫哥華市的地理制高點。由公園最高處圓弧形玻璃屋布洛伊岱爾溫室花園旁廣場往北眺望，溫哥華市區的天際線，以及其後層層山巒，是鳥瞰溫市的最佳景點。公園占地 52.78 公頃，春天賞櫻，夏天賞玫瑰，冬季雪天裡山坡上戲雪，每年吸引 600 萬人次遊客，是溫哥華市裡僅次於史丹利公園最受歡迎的公園。

DATA

✉ 4600 Cambie Street, Vancouver, BC V5Y 2M9 ☎ (604)873-7000 💲 免費
➡ 搭乘 SkyTrain Canada Line 在 King Edward 站出站後右轉沿 Cambie Street 向南，抵達 West 29th Avenue 後方綠地即是公園。搭乘公車 #15 在 Cambie Street 上的 West 33rd Avenue 站下車，左轉 West 33rd Avenue 即是公園入口
🌐 www.vancouver.ca

伊莉莎白女王公園地圖

West King Edward Avenue
Copa Café
King Edward Station
Corner 23 Restaurant
Landmark Hot Pot 春秋火鍋
Oak Street
Cambie St
Midlothian Avenue
Hillcrest Park
Children's & Women's Health Centre
Nat Bailey Stadium
VanDusen Botanical Garden 凡杜森植物園
Queen Elizabeth Park 伊莉莎白女王公園
West 33rd Ave
布洛伊岱爾溫室花園 Bloedel Conservatory
Seasons in the Park Restaurant 四季餐廳
Main Street
Truffle Find Foods Catering & Cafe
Willow St
Ash Street
Cambie St
Shaughnessy Restaurant
W 37th Avenue
Peninsula Seafood
Oakridge Centre
Crate & Barrel
Oakridge-41st Ave Station West 41st Avenue

公園山頂上的室內植物園 Bloedel Conservatory

現撈現煮，粵菜料理首選餐廳
麒麟海鮮酒家
Kirin Seafood Restaurant

溫哥華市裡中餐廳無數，但若是要選一家最具代表性，宴客面子十足的餐廳，非麒麟海鮮酒家莫屬！麒麟的菜系屬於粵菜，因此早午茶市以及晚餐的大菜水準都是超乎一般。溫哥華臨海，每當帝王蟹或是龍蝦產季，麒麟的廚師們的手藝為現撈的海鮮更添風味。用餐環境典雅明亮，服務生也毫無一般港式餐館的隨興，服務態度頗佳。雖然價格偏高，但時常滿座，建議前往用餐前先致電訂位。

DATA

✉ 201 City Square, 555 West 12th Avenue, Vancouver, BC, V5Z 3X7
☎ (604)879-8038 ⏰ 週一～五午餐：11:00 ～ 14:30、晚餐：17:00 ～ 22:30，週六～日及公定假日：午餐 10:00 ～ 14:30、晚餐 17:00 ～ 22:30
💲 早午茶約 $20 ～ 30／人，晚餐約 $30 ～ 50／人 ➡ 搭乘 SkyTrain Canada Line 在 Cambie-City Hall 站下車。出站後左轉過馬路，進入十字路口西北角的 City Square 商場 2 樓即是
http www.kirinrestaurants.com

加州捲的發源地
Tojo's Restaurant

毫無疑問的，Tojo's 絕對是溫哥華最知名的日本料理餐廳，也是西方人士最認同的高端日式餐廳。不只是因為該餐廳以在溫哥華屹立了 30 個年頭，是因為主廚 Tojo 在 2016 年獲得日本政府頒贈「最佳日本美食大使」，更因為名滿天下的加州捲壽司 (California Rolls) 是由主廚 Tojo 所發明。

走進位於溫哥華西區的 Tojo's，端上桌面的每一道料理都近乎完美，從餐具的挑選、擺盤盤飾、食材搭配、烹調火候等無不被悉心照料。

融合鮭魚和酪梨造成加州捲的誕生 (圖片提供／Leila Kwok)

若想品嘗當季最新鮮的海鮮，無菜單料理 (Omakase) 可能是最好的選擇，價位從 $80 ～ 200，豐儉由人。

DATA

✉ 1133 West Broadway, Vancouver, BC V6H 1G1 ☎ (604) 872-8050 ⏰ 週一～三 16:00 ～ 22:00，週四～六 17:00 ～ 22:00 💲 $50 ～ 80／人 休 週日
➡ 搭乘公車 #9 在 West Broadway 上的 Spruce Street 站下車 http tojos.com

橋下的法國魂甜點
Beaucoup Bakery & Café

除了法國甜點，麵包類也是 Beaucoup 的強項

Beaucoup Bakery & Café 赤紅的粗體字名稱，搭配手繪華麗的玫瑰花朵，滿眼紅色大膽量開，任誰看了都會覺得是來自宮廷的凡爾賽玫瑰，是時尚潮牌，怎會聯想到美味的糕餅。馬卡龍、法式長泡芙 (eclair) 和杏仁可頌是最熱銷的小品。想填飽肚子，起司司康 (Cheese Scone) 或是奶蛋味十足的法式蛋糕麵包 (Brioche Praline)，搭配一杯 49th Parallel 的拿鐵咖啡 (參見 P.158)，午餐也可以很法國。

DATA

✉ 2150 Fir Street, Vancouver BC V6J 3B5 ☎ (604) 732-4222 ⏰ 週一～五 07:00 ～ 17:00，週六～日 08:00 ～ 17:00 💲 約 $10 ／ 人 ➡ 搭乘公車 #10 #14 #16 #17，在 Granville Street 路上的 West Cloverleaf 站下車，沿著 Granville Street 往南走，在 West 6th Avenue 右轉，前行 200 公尺右轉 Fir Street，前行 50 公尺即可到達 http www. beaucoupbakery.com

咖啡愛好者的聚集地
Elysian Coffee

除了好吃的馬芬，Elysian 的咖啡一杯就是一整壺

同樣是溫哥華知名的咖啡烘焙業，Elysian 和同業比起來，顯得低調許多，卻吸引許多愛咖啡也懂咖啡的人。暗咖啡色外牆面氣質出眾，位於 Broadway 上的 Elysian Coffee 沿街有著大片的落地玻璃，客人們靠窗一杯咖啡，看盡街上繁華的車水馬龍。此館提供自家烘焙的咖啡，對於咖啡的烹煮也極為講究。

店內一角展售各種不同的咖啡壺，長桌旁有店員為你解說各式咖啡壺的使用方式，與其說是賣器具，還不如說是咖啡教室。來份自製的糕點吧！Raspberry Ricotta Muffin 馬芬蛋糕或是 amaretti 小圓餅是老闆自豪的人氣甜點。

Elysian 咖啡館的外觀在熱鬧的 Broadway 上極容易辨識

DATA

✉ 590 West Broadway, Vancouver, BC V5Z 1E9 ☎ (604)874-5909 ◎ 週一～日 07:00 ～ 19:00 💲 約 $10 ／人 ➡ 搭乘 SkyTrain Canada Line 在 Broadway-City Hall 站下車，出站後左轉過 Cambie Street，沿著 Broadway 走至 Ash Street 路口即抵達 🌐 elysiancoffee.com

深夜甜品食堂
Cheese Cake etc.

這家專門販售起司蛋糕的餐廳已有近 40 年的歷史，是能在溫哥華吃宵夜少有餐廳之一。店主是爵士樂的熱愛者，他將夜晚燭光、起司和爵士樂做了完美的融合，打造了一處浪漫的深夜甜點店。

該家甜品店的起司蛋糕屬於重乳酪，口味只有 2 種：原味和巧克力。不管哪一種，搭配草莓醬，或是季節限定藍莓醬，都是酸中帶甜的好滋味。

條紋帆布蓬下隱藏著溫市的深夜甜點

DATA

✉ 2141 Granville Street, Vancouver, BC V6H 3E9 ☎ (604) 734-7704 ◎ 週一～日 19:00 ～ 01:00 💲 約 $10 ～ 20 ／人 ➡ 搭乘 #10 #14 #16 #N9 #N10 #N17 在 Granville Street 的 West Cloverleaf 站下車 🌐 www.cheesecakeetc.com

維多利亞風的古蹟咖啡館
Caffe Cittadella Espresso Bar and Bistro

這家咖啡館可是不少溫哥華人的私房客廳。兩層樓紅灰相間的獨立屋古色古香，是一座建於1894年的歷史建築。精雕細琢的維多利亞風格，是以木柱欄杆的陽台、魚鱗片屋簷以及外突的窗台等透著陳舊年代的味道。店裡簡潔寬敞，2樓的座位可以瀏覽附近的街區，是最常客滿的位置。天氣晴朗時，2樓露台和1樓戶外露天座位總是座無虛席。不妨點一杯 Spanish Latte，比一般拿鐵咖啡稍微甜些，搭配店內自製的 Panini 三明治剛剛好。

DATA

✉ 2310 Ash Street, Vancouver BC, V5Z 3C2 📞 (604)568-5909 🕐 週一～五 07:00～19:00，週六 08:00～19:00，週日 08:00～18:00 💲 約 $10／人 ➡ 搭乘 SkyTrain Canada Line 在 Broadway-City Hall 站下車，出站後左轉過 Cambie Street，沿著 Broadway 至 Ash Street 右轉，直行至 West 7th Avenue 路口即抵達 🌐 www.caffecittadella.com

1. 外型典雅的獨棟木造屋 Caffe Cittadella
2. Cittadella 的服務非常親切
3. 咖啡館是隱身在樹林和大樓間的歷史建築

流行時尚居酒屋
Suika Japanese Restaurant

把日式居酒屋和時尚搭配，卻又走出一條親民的大眾路線，日式餐飲集團「金魚」旗下，俗稱「西瓜」的 Suika 餐廳是代表。推開餐廳大門，黑色系的裝潢搭配一盞日本酒瓶改裝的吊燈，跳脫一般日式居酒屋的用餐氣氛。餐點十分精緻，不論燒烤、鍋物、壽司，乃至於甜點，完全掌握和食西用的精神，在溫哥華西區是數一數二的東洋美味餐廳。

令人垂涎的日本照燒杏鮑菇　創意獨特的日本清酒瓶吊燈

D A T A

✉ 1626 W Broadway, Vancouver, BC V6J1X8 ☎ (604)730-1678 ⓒ 週日～四：午餐 11:30 ～ 14:00、晚餐 17:30 ～ 23:30，週五～日：午餐 11:30 ～ 14:00、晚餐 17:30 ～ 00:30 💲 約 $20 ／人 ➡ 搭乘公車 #9 #14 #16 在 West Broadway 上的 Granville Street 站下車，順著 West Broadway 往前走，過 Fir Street 後餐廳在馬路左手邊 http www.suika-snackbar.com

高級購物區裡的工業風咖啡屋
Bump n Grind Cafe

位於人車熙攘的 Granville Street 上，Bump n Grind 是一家小而美的咖啡店。在小義大利區第一家店廣受好評，順勢在溫哥華西區開設了分店。天花板有著曲折的燈泡軌道，映照在為了延伸視覺感的大片鏡子，空間感迷離。臨街座位區是觀看街景的好位置；夏天在街邊木箱上喝咖啡，變成街景之一。咖啡豆是每週親自烘焙，櫥窗內甜點也是店內現做，嘗得到老闆夫婦的傳統手藝。

咖啡館的窗戶就像是一幅畫框

簡約後工業風的室內裝潢

D A T A

✉ 3010 Granville Street, Vancouver, BC V6H 3J8 ☎ (604)558-4743 ⓒ 週一～五 07:00 ～ 19:00，週六～日 08:00 ～ 19:00 💲 約莫 $10 ／人 ➡ 搭乘公車 #10 在 Granville Street 上的 West 14th Avenue 站下車，回頭沿 Granville Street 走，經過 West 14th Avenue 後咖啡館在左手邊 http www.bumpngrindcafe.com

景觀餐廳推薦：Seasons in the Park Restaurant(參見 P.72)

基斯藍諾區
Kitsilano

區域範圍
本區位於溫哥華市的西區，北臨英吉利灣，東起 Burrard Street，西至 Alma Street，南抵 West 16th Avenue。

交通對策
搭乘公車 #4 行經 West 4th Avenue，公車 #9 行經 West Broadway，都可前往基斯藍諾商圈。

本區的命名源自於當地原住民史夸密須族 (Squamish) 酋長 Khatsahlano 的名字。在 20 世紀初葉，本區仍是蓊綠的森林，一直到 1940 年代 Burrard Bridge 開通後才迅速發展起來。

隔著英吉利灣面對西溫哥華以及溫哥華市中心，除了擁有沿海灣數個連綿不斷的海濱公園，基斯藍諾區內蓬勃的商業發展，以及附屬於英屬哥倫比亞大學城周邊商圈，人文氣息濃厚，也是溫哥華西區最重要的商業街區。在 West 4th Avenue 以及 West Broadway 這兩條最繁華的街道上，得獎的餐館一家接一家，眾多的精品服飾店也是溫哥華市民平日最愛的休閒去處。

Thomas Hass 的巧克力杏仁派

Sophie's Comic Café 逗趣的菜單

基斯蘭諾街邊特有的溫哥華城市酒莊 (Kitsilano Wine Cellar)，市民可以自己釀酒

1. West 4th Avenue 路上南瓜是萬聖節最好的裝飾
2. West 4th Avenue 甜點店的櫥窗裝飾

基斯藍諾區地圖

Vanier Park
凡尼爾公園

Vancouver Maritime Museum
溫哥華海洋博物館

Bard on the Beach

Kitsilano Beach Park
基斯藍諾海灘公園

Museum of Vancouver
溫哥華博物館

Kits Pool
基斯藍諾游泳池

Cornwall Avenue

The Boathouse Restaurant

Point Grey Road

49th Parallel Coffee Roasters

West 1st Avenue

AnnaLena

Sophie's Cosmic Café

W 4th Avenue

城市酒莊 Kitsilano Wine Cellar

Maenam

Dark Table Restaurant

Naam Restaurant

W 4th Avenue

Peaceful Restaurant 和平飯店

Fable Kitchen

Elysian Room Coffee

Anna Street

Dunbar Street

Blenheim Street

Macdonald St

Trafalgar St

Balsam St

Yew Street

Arbutus St

Cypress St

Burrard St

W Broadway
W 10th Avenue

W Broadway

Thomas Hass Fine Chocolate

Rain or Shine Ice Cream

West 12th Avenue

周邊盡是博物館、藝術雕塑的文青海灘
凡尼爾公園 Vanier Park

誰說海灘只能做日光浴或是來野餐？海灘當然也可以很文青。Vanier Beach 近距離面對溫哥華市中心現代的都會景觀，附近聚集了博物館、巨型藝術雕塑，儼然就是一個戶外的藝術中心。溫哥華博物館 (Vancouver Museum)、溫哥華海洋博物館 (Vancouver Maritime Museum) 和麥克米蘭太空博物館 (H.R. MacMillan Space Centre) 是本區內三大重要展館。鐵鏽披身、外型有如巨大迴紋針的《前往西北通道的門戶》(Gate to the Northwest Passage)，以及如巨人伸展雙臂，在陽光下閃耀銀色光芒的《凍結的水舞》(Freezing Water)，這兩件華裔藝術家的雕塑作品在福溪溪畔以天地為幕長期展出。夏季

在綠地上搭建出紅白兩色的大型帳篷，莎士比亞舞台劇《沙灘上的吟遊詩人》(Bard on the Beach) 每年吸引上萬人前來欣賞。

夏天才上演的莎士比亞劇

✉ 1000 Chestnut Street(與 Whyte Avenue 交叉口)，位於 Kitsilano Beach 東側 💲 免費 ➡ 搭乘 #22 #2 公車在 Cornwall Avenue 路上的 Cypress Street 站下車，沿 Cornwall Avenue 東行，左轉 Chestnut Street 後直行到底即是公園

雕塑《前往西北通道的門戶》

海灘推薦：Kitsilano Beach(參見 P.33)、Jerico Beach(參見 P.34)

深入了解溫哥華歷史與文化
溫哥華博物館 Museum of Vancouver

Museum of Vancouver (MOV) 是加拿大最大的市立博物館，已有 120 年的歷史。此博物館宗旨是要向世人介紹溫哥華和卑詩省發展史，因此其展覽多是加拿大西岸發展的歷史文物、文物史蹟、早期城市的相片和重要的市政資料、以及原住民的藝術作品。

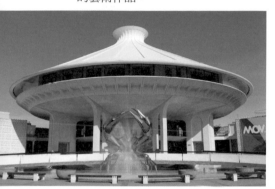

兒童觀眾也是此博物館重要的服務對象，每週末都會舉辦活動，讓小孩透過遊戲互動或是數位媒體親近歷史。想深入了解溫哥華歷史和文化，Museum of Vancouver 是你該造訪的第一站。

DATA

✉ 1100 Chestnut St, Vancouver, BC V6J 3J9 ☎ (604)736-4431 ◷ 週日～三 10:00 ～ 17:00，週四 10:00 ～ 20:00 ✖ 週一 💲 成人 $20.5，老人 (65 歲以上) $11，學生 (須驗證件) $17.25，青少年 (12 ～18 歲) $13.75，兒童 (5～11 歲) $9.75，4 歲以下幼兒免費，家庭套票 (大人 2 位 ＋兒童 5～18 歲 3 位) $43 ➡ 搭乘公車 #2 #22 #32 在 Cornwall Avenue 上的 Cypress Street 站下車，前行至 Chestnut Street 左轉，直行至 Whyte Avenue 即到達博物館停車場 ⓗⓣⓣⓟ www.museumofvancouver.ca

加拿大與東南亞的跨界料理
AnnaLena

這家餐廳十分不起眼，離市區更是有一段距離，但仍是門庭若市，不事先訂位便難以入門。AnnaLena 的店名來自創辦人 Mike Robbins 的兩位祖母的名字，夠新鮮吧！自詡是加拿大風格的創意菜，但骨子裡其實是法式料理，料理手法和配料還加入許多東南亞的元素。

這家餐館的菜色雖然不多，但卻道道可口，適合多人共享。最出名的是該店的手作麵包，外觀不起眼，手撕開後塗了奶油，經過兩次焙烤

這道牛肉凍味道與中國的肴肉十分相似

的味道撲鼻而來。炸雞更是一絕，外表樸實無華，入口卻是肉汁四溢，硬是把庶民小吃做成高檔西餐廳的招牌菜。

DATA

✉ 1809 West 1st Ave, Vancouver, BC V6J 5B8 ☎ (778) 379-4052 ◷ 週一～日 17:00 ～ 24:00 💲 約 $25 ～ 40 ／人 ➡ 搭乘 #2 #32 公車在 Cornwall Avenue 上的 Cypress Street 站下車，沿 Burrard Street 南行，至 West 1st Ave 右轉 ⓗⓣⓣⓟ www.annalena.ca

在地頂尖主廚的創意料理
Fable Kitchen

Fable Kitchen 強調從「產地到餐桌」一切的食材都來自溫哥華地區，連入選加拿大頂尖廚師 (Top Chef Canada) 的主廚，都是在地溫哥華人。餐廳內洋溢著濃厚的鄉村風格，服務生端出的卻是出人意表的創意料理。不要錯過將海鹽撒在無花果和黑莓醃漬的橄欖油浸泡過的新鮮鮪魚，名為 Canned Tuna 的前菜；煎成淡紅色的鴨胸肉或是牛柳條，入口粉嫩，是菜單上必點的人氣菜色。

D A T A • • • • • • • • • • • • • • • •

✉ 1944 West 4th Ave, Vancouver BC, V6J 1M5 ☎ (604)732-1322 ⊙ 午餐：週一～五 11:30 ～ 14:30，晚餐：週一～日 17:00 ～ 22:00，早午餐：週六～日 10:30 ～ 14:30 💲 約 $20 ／人 休 7/1 國慶日 ➡ 搭乘公車 #4 #7 在 West 4th Avenue 上的 Cypress Street 站下車，往回走 60 公尺可見餐廳在左側 🌐 fablekitchen.ca

法國料理魂的泰國餐廳
Maenam

章魚沙拉
(圖片由 Maenam 提供)

主廚 Angus 長年浸淫在法國料理的烹調，直到一次與米其林一星泰式料理名廚的偶遇，毅然決然轉入酸甜料理的世界。他將法國料理的嚴謹態度帶進泰式餐飲，加上每週自泰國進口的香料食材，讓這家位於溫哥華西區、裝潢時尚的小館，成為連續數年溫哥華人票選泰國餐廳第一名。如果前來，炒金邊粉 (Pad Thai) 和泰式海鮮沙拉不容錯過。

木格窗頗有亞洲餐廳味道

D A T A • • • • • • • • • • • • • • • •

✉ 1938 W 4th Avenue, Vancouver, BC V6J 1M5 ☎ (604) 730-5579 ⊙ 午餐：週二～六 12:00 ～ 14:00，晚餐：週一～日 17:00 ～ 22:00 💲 約 $20 ～ 40/ 人 休 7/1 國慶日 ➡ 搭乘公車 #4 #7 在 West 4th Ave 的 Cypress Street 站下車 🌐 mikurestaurant.com

布滿懷舊童玩的超人氣早午餐
Sophie's Cosmic Café

午前時分路經 West 4th Avenue 和 Arbutus Street 路口時，看見門口永遠都有人在排隊的店家，那鐵定是 Sophie's Cosmic Café。這家美式餐廳的漢堡和奶昔遠近馳名，但是眾人排隊都是為了班尼迪克蛋等的早午餐餐點。在排隊等候時刻不妨欣賞室內裝潢，這可是這家餐館另一個著名之處，餐桌座椅是綠色粉紅等高彩度的顏色，各國卡通漫畫人偶擠滿酒吧後的酒櫃；用餐區四周牆壁掛滿懷舊海報、中國春聯、各國玩具以及太空船敞篷車等童玩。口腹滿足之餘，視覺也同時飽餐一頓。

DATA

✉ 2095 West 4th Ave, Vancouver BC, V6J 1M7 ☎ (604)732-6810 ⓒ 週一 08:00 ～ 14:30，週二～日 08:00 ～ 20:00 💲 約 $20 ／人 ➡ 搭乘公車 #4 #7 在 West 4th Avenue 上的 Arbutus Street 站下車，餐廳就在 West 4th Avenue 與 Arbutus Street 路口東北角 http www.sophiescosmiccafe.com

食材新鮮的手工冰淇淋
Rain or Shine Ice Cream

位於 West 4th Avenue 上的這家冰淇淋店，店面極小，甚至可以用「不顯眼」來形容它。走進店內，一顆紫色牛頭高掛在入口牆上，右側牛角上戴著冰淇淋餅乾杯，既可愛又怵目驚心。所有食材都取自當地，手工製作的新鮮冰淇淋。

咖啡太妃糖 (Coffee Toffee) 和海鹽焦糖 (Salted Caramel) 是人氣口味。從排隊的人潮，以及每到夏季 West 4th Avenue 路上幾乎人手一球冰淇淋看來，溫哥華人對它的冰淇淋品質十分買帳。

Rain or Shine 店內的紫色牛頭讓人過目不忘

想吃多種口味，就點一份 Ice Cream Flight 吧

DATA

✉ 102-1926 West 4th Ave Vancouver, BC, V6J 1M5 ☎ (604)428-7246 ⓒ 週一～日 12:00 ～ 20:00 ➡ 搭乘公車 #4 #7 在 West 4th Avenue 上的 Cypress Street 站下車，回頭往西走 50 公尺即抵達 http rainorshineicecream.com

 超搶眼的蒂芬妮藍咖啡杯

49th Parallel Coffee Roasters

走進 49th Parallel 咖啡館，第一眼肯定被咖啡館人文味裝潢以及蒂芬妮藍的咖啡杯給吸引；第二眼當然就是在玻璃櫃裡令人眼花撩亂的甜甜圈們。這家咖啡館本身就是大溫地區著名的咖啡烘焙廠，除了自家咖啡館，溫哥華許多知名咖啡店或是烘焙坊都採用 49th Parallel 的咖啡豆。店內販售的 Lucky's 甜甜圈之所以吸睛，在於其大膽獨特的口味，以及狂野的外觀，如椰子肉片撒在以火槍烤焦的鮮奶油上 (Coconut Bismark)、濃濃楓糖漿淋著煎得酥脆的培根屑 (Apple Bacon Donut)、磨成碎粒狀翠綠色的開心果，布滿橘子口味的甜甜圈 (Orange Pistachio Honey)。一口咖啡、一口甜甜圈是溫哥華最潮的午茶搭配。

精緻的 Lucky's
甜甜圈

DATA

✉ 2198 West 4th Avenue, Vancouver, BC V6K 4S2 ☎ (604)420-4900
🕐 週日～四 07:30 ～ 19:00，週五～六 07:00 ～ 20:00 💲 約 $10 ／人 ➡ 搭乘往西行的公車 #4 #7 在 West 4th Avenue 上的 Arbutus Street 站下車，向西行 150 公尺後咖啡館在對街 🌐 49thcoffee.com

一試成主顧的可頌麵包
Thomas Hass Fine Chocolate

家傳四代烘焙世家，來自德國的 Thomas Hass 的巧克力被譽為「巧克力界的法拉利」，從該店玻璃櫥窗裡陳列的精緻巧克力可佐證。走進這家位於 West Broadway 的分店，優雅的裝潢風格，空氣中瀰漫咖啡香，牆上各式造型巧克力奪人眼光。人氣商品是巧克力杏仁片可頌麵包 (Double-Baked Chocolate Almond)，外表酥脆，內部千層綿密，濃濃的巧克力混合烤杏仁片香氣味，口感豐富迷人。雖然單價不斐，但貨架上經常空蕩蕩；有些客人住得遠些，不辭千里只為嘗它一口。

熱巧克力是 Thomas Hass 的招牌熱飲

D A T A

✉ 2539 West Broadway Avenue, Vancouver, BC V6K 2E9 ☎ (604)736-1848 🕐 週二～六 08:00 ～ 17:30 ⊘ 週日、週一 ➡ 搭乘公車 #9 #14 在 West Broadway 上的 Trafalgar Street 站下車，沿 West Broadway 往前行 100 公尺，餐廳在對街 🌐 www.thomashaas.com

UBC 英屬哥倫比亞大學
UBC, University of British Columbia

區域範圍

自溫哥華市區行車向西，穿過太平洋精神森林 (Pacific Spirit Park) 後，立即進入位於灰峽半島 (Point Grey Peninsula) 的 UBC 校園。

交通對策

搭乘大溫交通局 Translink 大眾交通系統 UBC Loop 旗下 15 條公車路線 (#4、#9、#14、#N17、#C18、#C19、#C20、#25、#33、#41、#43、#49、#84、#258、#480、#99B) 皆可抵達總站 UBC Bus Loop。

UBC 學校入口

加國東岸人文薈萃、大學雲集，相較之下西岸太平洋濱著名的大學數量少得多。1908 年麥基爾大學 (McGill University) 在卑詩省創立卑詩學院 (College of British Columbia)，7 年後的 1915 年從麥基爾大學獨立出來，改稱英屬哥倫比亞大學或卑詩大學 (UBC, University of British Columbia)。經過 100 多年來的經營，UBC 已經成為全加拿大第三大的高級學府，規模僅次於多倫多大學和麥基爾大學。

UBC 依林傍水，擁有堪稱北美最漂亮的校園。占地 402 公頃，三面環海，隔著海灣遠眺溫哥華島 (Vancouver Island)，全世界大概找不出第二個這般獨享山海美景的大學校園。綠意盎然的狹長型校園被 Main Mall、East Mall， 以及 West Mall

UBC 海濱夕照

3 條寬闊林蔭大道貫穿，200 多棟或嶄新或洋溢古老味道的建築星羅棋布散落其間。

　　作為一所研究型的綜合性大學，UBC 在理工科學研究方面極為出色，歷年來曾培育出 7 位經濟學、物理和化學領域的諾貝爾獎得主。目前該校擁有 17 個研究院所、50 個研究中心、8 個跨學科研究組織以及 3 所醫院，每年進行 4,000 多項研究計畫。

UBC 校區教職員宿舍前的楓紅

UBC 英屬哥倫比亞大學地圖

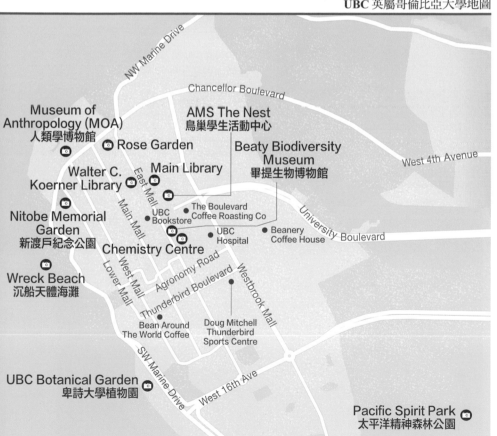

Museum of Anthropology (MOA)
人類學博物館

Rose Garden

AMS The Nest
鳥巢學生活動中心

Beaty Biodiversity Museum
畢提生物博物館

Walter C. Koerner Library

Main Library

Nitobe Memorial Garden
新渡戶紀念公園

The Boulevard Coffee Roasting Co

UBC Bookstore

UBC Hospital

Beanery Coffee House

Chemistry Centre

Wreck Beach
沉船天體海灘

Bean Around The World Coffee

Doug Mitchell Thunderbird Sports Centre

UBC Botanical Garden
卑詩大學植物園

Pacific Spirit Park
太平洋精神森林公園

NW Marine Drive

Chancellor Boulevard

West 4th Avenue

University Boulevard

East Mall

Main Mall

West Mall

Lower Mall

Agronomy Road

Thunderbird Boulevard

Westbrook Mall

SW Marine Drive

West 16th Ave

享受芬多精的森林步道
太平洋精神森林公園
Pacific Spirit Park

位於溫哥華住宅區以及 UBC 之間，太平洋精神森林公園是座迷人的森林。占地 763 公頃，絕大部分面積是原始的自然林相；如果想知道溫哥華被開墾前的原始模樣，走一趟此森林就一目瞭然。松、柏、北美黃杉等寒帶植物高聳入天，林相茂密，蟲鳴鳥叫互相應和。森林內開闢了十數條步道，總長達 70 公里，松葉鋪地，樹冠遮陰，炎炎夏日在林間漫步倍覺涼爽。除了是健行者的步行天堂，遛狗、騎單車、慢跑，甚至騎馬都是森林裡絕佳的活動。

Ⓓ Ⓐ Ⓣ Ⓐ ....

✉ Blanca Street 和 West 16th Avenue 路口 ☎ (604)224-5739 💲 免費
➡ 搭乘公車 #25 #33，在 West 16th Avenue 上的 Blanca Street 站下車
http www.pacificspiritparksociety.org

森林裡蔭涼的角落蕈類叢生

芬多精滿溢的太平洋精神公園森林步道

圖騰柱大本營
人類學博物館 Museum of Anthropology(MOA)

博物館內的圖騰柱數量應該稱冠北美地區。館藏的蒐集以過去太平洋西北岸第一民族 (First Nation) 部落的木雕文物，以及現代原住民的藝術創作為主。館方長期展示 Bill Reid 這位原住民藝術家的諸多作品，展示在溫哥華國際機場出境大廳以及出現在加拿大 20 元紙鈔上的作品《The Jade Canoe》可算是鎮館之寶。除了加國的文物，館內大量收藏亞洲、非洲以及南美各國的文物，總數高達 53 萬件。

館內的展品之外，MOA 建築物本身也值得細看。水泥和玻璃為主要建材，模仿西北海岸原住民的原始屋舍結構，建築古樸卻氣派恢弘。博物館後方廣場被圖騰柱圍繞，神祕感十足，是欣賞博物館建築最佳地點。

人類學博物館的外觀設計模仿原住民住屋

圖騰柱是人類學博物館重要的收藏

加拿大西岸原住民雕刻藝術呈現粗獷風格

DATA

✉ 6393 NW Marine Drive, Vancouver, BC V6T 1Z2 ☎ (604)827-5932
🕐 週三～一 10:00 ～ 17:00，週二 10:00 ～ 21:00 💲 成人 $18，學生、老人 $16(須憑證)，家庭套票 (大人 2 位 +18 歲以下 4 位) $47，週四星光票 (17:00 ～ 21:00) $10 ➡ 從 UBC 公車總站搭乘區間公車 #C18 #C20，在 MOA 站下車 http moa.ubc.ca

全北美最道地的日式庭園
新渡戶紀念公園
Nitobe Memorial Garden

新渡戶紀念公園是為了紀念被稱為「東西方橋樑」，客死加國的日本教育家新渡戶稻造(Inazo Nitobe)博士而建。從設計到建造都是由日本政府推薦的建築師與園藝師精心完成。公園不大，小橋、涼亭、石頭庭院燈錯落，處處散發著日式庭園的精緻和幽微，被公認是全北美最道地的日本庭園，更被譽為日本本土外最好的5個日式庭園之一。春天賞櫻、夏天鳶尾花、秋天楓紅以及冬天雪景，四季好風景。難怪當年還是皇太子的日本德仁天皇前來溫哥華，路經此公園，見到園內景致，脫口的第一句讚歎的話就是：我是在日本吧？！

✉ 1895 Lower Mall, Vancouver, BC, Canada 📞 (604)822-3928 🕐 週一～五 4/1 ～ 10/31 09:30 ～ 17:00，11/1 ～ 3/31 10:00 ～ 14:00 💲 成人 $7，青少年 (13 ～ 17 歲)、老人 $6，兒童 (5 ～ 12 歲) $4，4 歲以下幼兒免費，家庭套票 (大人 2 位＋ 17 歲以下 4 位) $18 ❌ 11/1 ～ 3/31 每週六、日，每年 2 月家庭日 ➡ 從 UBC 公車總站搭乘區間公車 #C20，在 Nitobe Memorial Garden 站下車 🌐 www.botanicalgarden.ubc.ca/nitobe

藏在校園裡的藍鯨
畢提生物博物館
Beaty Biodiversity Museum

藍鯨標本在大廳迎接客人

位於 UBC 校園裡的博物館雖小，但收藏了 200 萬件加拿大太平洋沿岸海洋生物的標本。該博物館最吸睛的，莫過於來自加拿大東岸愛德華王子島的藍鯨標本，全長 25 公尺，巨大的整副骨架標本懸掛在大廳天花板，氣勢非凡。

✉ 2212 Main Mall, Vancouver, BC V6T 1Z4 📞 (604) 827-495 🕐 週二～日 10:00 ～ 17:00 💲 成人 $14，青少年 (13 ～ 17 歲)，一般學生及老人 $12(須證)，幼童 (5 ～ 12 歲) $10，大家庭套票 (大人 2 位 +18 歲以下 4 位) $45，小家庭套票 (大人 1 位 +18 歲以下 2 位) $30，UBC 職員、學生以及 4 歲以下幼童免費 ❌ 週一 ➡ 搭乘 #4 #14 #43 #44 #84 #99 公車前往 UBC，在巴士總站下車後徒步前往 🌐 beatymuseum.ubc.ca

博物館外觀

20 公尺高的天空棧道
卑詩大學植物園
UBC Botanical Garden

附屬於 UBC 的卑詩大學植物園已經有 100 年的歷史，占地 44 公頃，種植了超過 8,000 種的植物。園區內分為五大區域：亞洲花園、高山植物區、本土植物花園、食用植物區以及藥用植物花園，多種亞洲少見的植物常常引來遊客的驚呼聲。

如果不會怕高，不妨去走一趟付費的天空棧道 (Greenheart Canopy Walkway)。在數十棵百年老樹之間搭起棧道，長達 310 公尺，離地 20 公尺高，搖搖晃晃走在大樹間十分刺激。

每年 10 月是蘋果產季，卑詩大學植物園門口舉辦「蘋果嘉年華」(Apple Festival)，展出數百種蘋果品種，讓人眼界大開。現場還有蘋果相關食品、蘋果樹苗特賣，蘋果試吃、以及從農場直送的各款蘋果、新鮮香脆不在話下。當天植物園免費入場，省下的門票剛好可以買一袋蘋果回家，精打細算的主婦都不會錯過。

蘋果嘉年華會的蘋果特賣均一價

D A T A

✉ 6804 SW Marine Drive, Vancouver, BC, V6I 1Z4 ☎ (604)822-3928 🕐 週一～日 09:30 ～ 17:00 💲 成人 $10，青少年 (13 ～ 17 歲)、老人 $8，兒童 (5 ～ 12 歲) $5，4 歲以下幼兒免費，家庭套票 (大人 2 位＋ 17 歲以下 4 位) $24 ➡ 從 UBC 公車總站搭乘區間公車 #C20，在植物園站下車 🌐 www.botanicalgarden.ubc.ca

海灘推薦：Wreck Beach(參見 P.34)

校園景點搶先看

學生人數將近 6 萬人，UBC 校園有如一座城市。不論自然景觀或是古老校舍，都十分有可看性。

Main Library

落成於 1923 年，全棟以大理石砌成，厚實穩重中自有一股威嚴氣勢。圖書館前的鐘塔 Lander Clock Tower 則是建於 1968 年，近 37 公尺高的的水泥建築矗立於圖書館前廣場，數公里外遙遙可見，是 UBC 重要的地標之一。

玻璃建築 Walter C. Koerner Library

Chemistry Centre

Chemistry Centre

和 Main Library 同年落成，同樣是大理石砌成，化學系所在的建築 Chemistry Centre 也是校園中的亮點之一。洗白的石牆、鉛製窗櫺、銅綠排雨管在窗框整齊一致的學院派哥德式建築上呈現沉靜的味道。

Walter C. Koerner Library

這是一座 5 層樓的現代建築：全棟以玻璃帷幕搭建，內藏 80 萬件書籍，從館外百來公尺就可以看穿。夜幕時分從圖書館內散發的燈光通透，儼然是一座水晶宮殿。

鳥巢學生活動中心 AMS The Nest

2015 年新落成的學生活動中心是地上 3 層地下 2 層，總面積達 25 萬平方尺的全新會館。挑高的空間通透感極佳，會館正中央一個以木片搭蓋的空中「鳥巢」最搶眼，整所會館圍繞著這個交誼廳，集合了學生社團、交誼、閱讀、用餐等課外活動等功能於一身；同時還包含了攀岩場、藝廊、20 家餐廳和商鋪。

鳥巢學生活動中心

美國曙櫻夾道的 UBC 校園

Rose Garden

6 月底 7 月初，Main Mall 大道盡頭玫瑰園 (Rose Garden) 裡舉辦嬌滴滴嘉年華。碗公大的、指甲般迷你的、鮮黃的、粉紫的、正紅的、粉白的玫瑰和薔薇花火力全開，把臨海的花園彩繪一如野獸派的豔麗。從高處憑欄，近處的國色花香、遠方的海景山巔，陽光下波濤點點，「流連忘返」應該是到此一遊的旅人共同的症候群。

校園櫻木花道

如果你在春夏季前來，花花綠綠染你一身。3 月下旬到 4 月初之間的兩個星期，校區 Low Mall 的路上搭起一條櫻花隧道。數十棵美國曙櫻吐著花蕊，嬌滴滴地迎風搖擺，整條路彩繪粉色妝容。

依山傍海的玫瑰花園

玩 | 樂 | 小 | 撇 | 步
遊 UBC 省錢套票

如果你想多玩幾個 UBC 的景點，而且時間充裕，不妨購買套票，可以省下不少錢：

參觀景點	成人票	優待票	兒童票	家庭票
卑詩大學植物園＋天空棧道＋新渡戶紀念公園	$26	$20	$12	$55
卑詩大學植物園＋天空棧道	$23	$17	$10	$50
卑詩大學植物園＋新渡戶紀念公園	$15	$13	$7	$35
卑詩大學植物園	$10	$8	$5	$24

1 優待票：青少年 (13～17 歲)、非 UBC 學生、老人 (65 歲以上)、身障人士

2 兒童票：5～12 歲孩童 (4 歲以下幼童免費入場)

3 家庭票：成人 2 名＋兒童或青少年 4 名

＊所有票價須另加 12% 消費稅

Vancouver Harbour

English Bay

緬街
Main Street

奧運村廣場巨大的麻雀雕像

區域範圍

Main Street 是溫哥華東區重要的商業街道，大致可分為南北兩個商圈：北段自 Terminal Avenue 至 West 16th Avenue，包含了新興的奧運村以及 Mount Pleasant 行政區；南段從 West 18th Avenue 到 West 30th Avenue，涵蓋 Riley Park 區域。

交通對策

公車 #C3 直行 Main Street，到達 Main Street 各路段。SkyTrain Millennium Line 經過本地區北段，在 Main Street 站下車。若是搭乘 SkyTrain Canada Line 則可在 Broadway-City Hall 站下車，出站右轉，轉搭公車 #99 至 Main Street 站下車。

19 世紀末至 20 世紀初，位於河畔的快樂山區，因為河水取得容易，成為釀酒的重鎮，附近的溪流名號「釀酒溪」(Brewing Creek) 不脛而走。1890 年街車貫穿此區，帶來人潮和生意，本區成為當時溫哥華第一個市郊住宅區。

百年來的發展，Main Street 的面貌急速變化，新興的小規模住宅和現代公寓林立，同時吸引餐廳、超市、各類特色小店進駐。不少二手貨、古董家具集中在此區，是市民挖寶的好去處。每年 6 月下旬的「無車日」活動 (Car Free Festival) 將 Broadway 到 30th Avenue 之間封街舉辦派對活動，是溫哥華夏季重要街區活動之一。

WELCOME

MT PLEASANT

緬街上古典的歷史街鐘

奧運村則是福溪河畔新興區域，由於地點交通便利、臨河視野極佳，新落成的公寓大樓齊聚，活絡了福溪南岸的荒涼已久的舊時工業用土地。

街角的 Gene 咖啡館　　　　位於 Main Street 路上 49th Parallel 咖啡館

緬街地圖

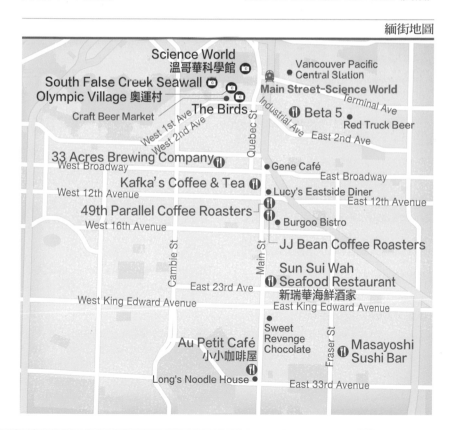

Science World
溫哥華科學館

Vancouver Pacific
Central Station

South False Creek Seawall
Olympic Village 奧運村

The Birds

Main Street-Science World

Terminal Ave

Craft Beer Market

Beta 5

Red Truck Beer

Industrial Ave

Quebec St

East 2nd Ave

West 1st Ave
West 2nd Ave

33 Acres Brewing Company

West Broadway

Gene Café

East Broadway

Kafka's Coffee & Tea

West 12th Avenue

Lucy's Eastside Diner

East 12th Avenue

49th Parallel Coffee Roasters

West 16th Avenue

Burgoo Bistro

JJ Bean Coffee Roasters

Cambie St

Main St

Sun Sui Wah
Seafood Restaurant
新瑞華海鮮酒家

East 23rd Ave

West King Edward Avenue

East King Edward Avenue

Sweet
Revenge
Chocolate

Au Petit Café
小小咖啡屋

Fraser St

Masayoshi
Sushi Bar

Long's Noodle House

East 33rd Avenue

169

啤酒餐廳大本營
奧運村 Olympic Village

奧運村在 2010 年冬奧結束後成為新興住宅區。高檔超市、麵包烘焙店陸續進駐，讓這個臨河的新區域充滿年輕的生命力。數家大型啤酒屋餐廳陸續開業，入夜後奧運村依然人聲鼎沸。在本區廣場上，兩隻 3 層樓高的麻雀 (The Birds) 站在公寓大樓間，側耳傾聽。鳥兒們的形色非常逼真，遊客們襯著背後的遠山和河景一起拍照，頗有進入格列佛大人世界的感覺。

6 月初端午節前夕，北美最大型的競舟活動「溫哥華力拓龍舟節」(Rio Tino Alcan Dragon Boat Festival) 都在福溪舉辦，每年超過 10 萬人參觀。

DATA

✉ West Pender Street 以及 Taylor Street 路口 ➡ 搭乘 SkyTrain Millennium Line 經過，在 Main Street-Science World 站下車。出站右轉至溫哥華科學館，沿該館後方福溪河岸步道 (False Creek Seawall) 步道前行即可到達

以詼諧有趣的方式帶你認識科學
溫哥華科學館 Science World

遠看像一顆金沙巧克力立在河岸邊，圓球形狀建築的溫哥華科學館是溫哥華的地標建築之一。兩層樓的建築，曾是 1986 年世界博覽會的「溫哥華館」，博覽會結束後成為永久的科學館館址。館內不論長期展或是臨時展，都是以有趣的互動方式介紹基礎科學知識。Omnimax 立體劇院每天放映 3 部科學電影，讓科學比電影還好看。每月定期舉辦「After Dark」成人專屬活動，包含夜間導覽、輕食酒吧和現場音樂。

DATA

✉ 1455 Quebec Street, Vancouver, BC V6A 3Z7 ☎ (604)443-7440 🕐 夏季：週五～三 10:00 ～ 18:00，週四 10:00 ～ 20:00；其他季節開放時間請參考科學館官網 💲 成人 (19 歲以上) $27.15，老人 (65 歲以上)、學生及青少年 (13 ～ 18 歲) $21.7，兒童 (3 ～ 12 歲) $18.1，3 歲以下幼兒免費 ➡ 搭乘 SkyTrain Expo Line 至 Main Street-Science World 站，出站即抵達 🌐 www.scienceworld.ca

全溫哥華最繽紛的街區
溫哥華壁畫藝術節
Vancouver Mural Festival

緬街一向是溫哥華最有活力的街道之一。自從 2016 年在此舉辦第一屆壁畫節 (Mural Festival)，快樂山更成為溫市最具藝術氣息的社區。每年 5 月底舉辦的壁畫節一年比一年盛大，除了邀請世界各地知名的壁畫家前來溫哥華做畫，長達 10 天的節慶活動包含了音樂表演、街頭塗鴉等活動，熱鬧非凡。

多年累積下來的壁畫數量可觀，多位於後巷、工業區的廠房、高樓的牆壁、停車場，有的甚至與垃圾箱並列，或是在街頭轉角，往往給路人突然的驚喜。壁畫內容五花八門，有動物、人物、神話、卡通、抽象色塊等，寫實手法有之，更多是夢幻般的超現實畫風。想要體驗溫哥華最多彩的一面，絕對要走入快樂山的繽紛巷弄。

D A T A

✉ 快樂山社區，以 Main Street 為主，北起 Terminal Avenue，南至 East 16th Avenue 💲 免費 ➡ 搭乘公車 #3 在 Main Street 上的 East Broadway 站下車
🌐 www.vanmuralfest.ca

當地老字號粵菜料理
新瑞華海鮮酒家
Sun Sui Wah Seafood Restaurant

問起溫哥華華人哪家是第一名的海鮮中餐館，十之八九的答案會是新瑞華。老字號的粵式餐廳，內裝氣派、無論大宴小酌都讓主人有面子。粵式餐館以生猛海鮮出名，該店的帝王蟹烹調遠近馳名。不論是二吃或是三吃，一隻 10 磅左右的帝王蟹就可以賓主盡歡。該店的紅燒乳鴿是以獨家祕方滷汁烹製，肉質鮮嫩多汁，是另一道鎮店名菜。餐館價格偏高，前去之前宜先訂位，以免敗興而回。

龍蝦大餐　　　　　　魚翅羹

D A T A

✉ 3888 Main St Vancouver, BC V5V 3N9 ☎ (604)872-8822 🕐 週一～日午餐 10:30 ～ 15:00，晚餐 17:00 ～ 22:30 💲 約 $30 ～ 50 ／人 ➡ 搭乘公車 #3 在 Main Street 上的 East 22nd Avenue 站下車 🌐 www.sunsuiwah.com

必點越南河粉和法國三明治
小小咖啡屋 Au Petit Café

越南華僑來到溫哥華，把家鄉味帶到新國度。小小咖啡屋以三大食物聞名：法國三明治、法式咖啡和越南河粉。法式三明治上桌時仍然熱燙，外表酥脆，內層鬆軟，越式作法搭配了肉片，香菜以及雞肝醬，沾著魚露入口，味道濃郁多變。越南咖哩牛腩河粉的牛肉入口即化，湯汁香甜，椰子汁居功其偉。飯後來一杯法式咖啡，甘醇帶苦的香氣入口，你絕對會想來小小咖啡屋第二次！

🅳🅰🆃🅰

✉ 4851 Main Street, Vancouver, B.C. V5V 3R9 📞 (604)722-9331 🕐 週四～二 10:00 ～ 19:00 休 週三 💲 約 $15 ／人 ➡ 搭乘公車 #3 在 Main Street 上的 East 33rd Avenue，或是公車 #33 在 East 33rd Avenue 上的 Main Street 站下車
http www.aupetitcafe.com

法式越南三明治是每桌必點的餐點　　越南式炸春捲口感酥脆清新　　招牌咖哩牛腩麵

隱身工業區的花式泡芙
Beta 5

如果不是先做好功課，可能得迷路半小時後才能找到這家獲得世界巧克力大賽前

十名的 Beta 5。藏身一排漆成五顏六色的廠房裡，手工巧克力是鎮店之寶，不論是小方磚或是半球狀的經典系列，是卵石造型或是仿珠寶巧克力，都在單調乏味的空間裡兀自發亮。除了巧克力，此店的鮮奶油泡芙 (cream puffs) 享譽大溫哥華。常售的泡芙有 9 種口味，外觀很華麗，價格也很「高貴」，一顆泡芙要價加幣 $5 (4 顆 $18，9 顆 $40)，算得上是泡芙界的貴族。

🅳🅰🆃🅰

✉ 413 Industrial Avenue, Vancouver, BC V6A 2P3 📞 (604)669-3336 🕐 週二～五 10:30 ～ 17:30，週六～日 10:30 ～ 17:00 休 週一 💲 泡芙 $5 ／顆 ➡ 搭乘公車 #3 或 #8，在 Main Street 上的 Industrial Avenue 站下車，沿 Main Street 南行，在 Industrial Avenue 左轉，前行 350 公尺，店址所在的建築在左手邊 http beta5.myshopify.com

藝術創作者的聚集地
Kafka's Coffee & Tea

West Broadway 和 Main Street 交會附近的區域咖啡館林立，可以說是三步一小家，五步一大家。其中最受年輕人喜愛的 Kafka's Coffee & Tea 勇得第一。這家紅牆白字的咖啡館一排落地窗，不論是冬天還是夏季，只要是天氣好一律敞開。咖啡館主人十分支持藝文活動，除了把牆面開放給藝術創作者展示作品，更常常無償開放作為藝文活動的空間或是活動的聚會。Emily Carr 藝術大學的學生常在此討論作品，未成名的作家也在此振筆疾書。除了一般義式咖啡之外，也提供本地其他咖啡館少有的 Areopress、虹吸式烹煮方式。

DATA
✉ 2525 Main Street, Vancouver, BC V5T 3E5 ☎ (604)569-2967 ◷ 週一～四 07:00 ～ 20:30，週五 07:00 ～ 20:00，週六～日 08:00 ～ 20:00 💲 約 $8 ／人 ➡ 搭乘公車 #9 或 #N9，在 East Broadway 上的 Main Street 站下車，右轉 Main Street 即達 🌐 kafkascoffee.ca

名列加拿大百大餐廳的日本料理
Masayoshi Sushi Bar

在大溫地區 6 百多家日式餐廳裡，Masayoshi 是唯一入選加拿大百大餐廳的日本料理。主廚 Masayoshi Baba 來自日本九州福岡市，是店裡的靈魂人物。該餐廳主打無菜單料理 (Omakase) 的手捏壽司套餐，每日餐點內容由主廚依照季節與進口漁產來準備。由於食材新鮮，加上主廚天馬行空的創意，以及精巧的手藝，這家只有 20 個座位的小餐廳每天座無虛席，受到饕客以及大溫餐飲同業廚師的喜愛。每天只有 2 個用餐時段，建議預先訂位，以免額滿撲空。

DATA
✉ 4376 Fraser Street, Vancouver, BC V5V 4G3 ☎ (604) 428-6272 ◷ 週一～六 18:00 ～ 22:00 💲 約莫 $80 ～ 120 ／人 🛌 週日、國定假日 ➡ 搭乘 #8 公車在 Fraser Street 上的 East 27th Avenue 站下 🌐 masayoshi.ca

招牌不大，卻鼎鼎有名

173

維多利亞市
Victoria

區域範圍

位於溫哥華島南端，西接 Esquimalt 市，北臨 Saanich 市。三面環海，東面隔著 Oak Bay，南面瀕臨 Strait of Juan de Fuca 與美國華盛頓州的奧林匹亞公園相對。

交通對策

以透過海、空 2 種方式前往維多利亞市。搭船：在圖瓦森碼頭 (Tsawwassen Terminal) 搭乘卑詩渡輪，抵達史瓦茲灣 (Swartz Bay) 碼頭，維多利亞市在車程 40 分鐘之外；或在溫哥華市區碼頭搭乘 V2V 遊艇，直接抵達維多利亞市內港；或從美國華盛頓州 Port Angeles 可搭船抵達維多利亞。空路：自溫哥華市加拿大中心搭乘水上飛機，飛行 30 分鐘抵達維多利亞市。

位於溫哥華島南端，維多利亞市為卑詩省的省會，亦是溫哥華島上最大的城市。氣候溫和，日照時間長，全年均可從事戶外活動。地貌多樣豐富，市內花團錦簇，素有「花園城市」之稱。宜人的居住條件，加上散發濃厚的英倫氣息，吸引不少富豪來此定居，享受退休生活。

最早維多利亞市是原住民的聚居地。西班牙和英國船員於 18 世紀末航行至北美西北岸進行探勘，這是歐洲人在此落腳的開始。19 世紀中葉，皮毛交易生意興旺，哈德遜灣公司在此設置皮毛交易站，並於 1843 年建立了堡壘要塞，3 年後便以當時女皇之名改稱「維多利亞堡」。

週末常有藝術市集的 Bastion Square

　　1858 年菲沙河谷出現淘金熱，維多利亞堡成為淘金者的中途補給站，人口激增。淘金潮帶來大量華裔居民，往後數十年維多利亞是全加拿大最多華人聚居的城市，「一埠」名稱由此而來。1862 年維多利亞正式升格為市，且在溫哥華島和卑詩 2 個殖民地於 1866 年合併後，成為新殖民地的首府。1871 年卑詩省加入聯邦成為加拿大的一部分，維多利亞順理成章成為卑詩省省會。

　　加拿大太平洋鐵路於 1886 年開通，位於西岸太平洋濱的溫哥華經濟崛起，成為卑詩的經濟中心。自此維多利亞的經濟中心角色旁落，回歸單純的政治中心。

維多利亞街上老建築舉目可見

維多利亞市地圖

加西規模最大的花園
布查花園 The Butchart Gardens

1904 年來自英國蘇格蘭的布查家族遷居維多利亞，綠手指的布查夫人喜愛收集各國花草，私人花園陸續擴展，一百多年來成為占地 22 公頃、植栽七百多種植物的巨大花園，於 2004 年被評為「加拿大國家歷史遺址」。

布查花園由 5 個主要園區組成：桑肯花園、玫瑰園、日本庭園、義大利和地中海花園。每年 3 ～ 10 月，近 100 萬株花卉陸續盛開，遊客可以憑園方提供的花卉圖鑑認識園內各種植物。

公園裡 Dining Room 餐廳的英式下午茶遠近馳名；夏季每逢週六晚上施放煙火，更是遊客賞花之外的最愛。

布查花園一隅

⊠ 800 Benvenuto Ave, Brentwood Bay, BC V8M 1J8 📞 (250) 652-4422 🄲 每個月開放時間不同，建議出發前至官網查詢開放時間 💲 四季門票費用不同，夏季最高 $33.8，冬季最低 $19.35 ➡ 從維多利亞市可搭乘公車 #75；或從史瓦茲渡船碼頭出發，搭乘公車 #81，在 Butchart Garden 站下車 🔤 www.butchartgardens.com

維多利亞市的活力中心
內灣碼頭 Inner Harbour

內灣步道廣場

最早是原住民使用的小碼頭，百多年來見證城市的發展。這應該是維多利亞最令人留戀的地方。市中心以此為中心，向四面八方擴展，卑詩省議會大樓、卑詩皇家博物館、帝后飯店以及圖騰柱林立的雷鳥公園環繞著內灣。此地更是遠眺帝后飯店以及省議會大樓最佳的地點。

港口十分繁忙，進進出出的盡是私人遊艇、水上巴士、載客帆船，甚至是水上飛機。夏季裡路燈柱掛滿巨型鮮花盆栽，這個港口變身大型的嘉年華會，街頭音樂藝人、速描畫家、魔術師、手工藝品攤販等，沿著內灣寬大的行人步道一字排開，處處洋溢笑聲。不時有載客馬車躂躂地從你身邊駛過，賞鯨船鳴笛出海去。

每年維多利亞日的花車遊行，以及國慶日晚上的煙火表演都是不容錯過的節目。

⊠ Belleville Street 與 Government Street 交叉口 ➡ 搭乘公車 #3 在 Government Street 的高 Street 站下車 🔤 www.tourismvictoria.com

卑詩省最高政治機構
省府議會大廈 Parliament Buildings

外牆以巨大石塊堆砌的省議會大廈，古樸且雄偉，是卑詩省最高權力象徵。建於 1898 年，由英國年輕的建築師 Francis Rattenbury 所設計，充滿典型的維多利亞風格。鍍金的喬治·溫哥華船長雕像，高高地站在中央圓形屋頂，俯視大廈前方大片草坪以及不遠處的內灣。草坪上矗立著維多利亞女皇銅像，以及紀念第一、二次世界大戰的戰士紀念碑，供人景仰。

入夜後，省議會大樓被 3,560 顆燈泡妝點成燈光城堡；每午重要節日 (如國慶、聖誕節) 還會舉辦活動，邀請民眾進入省議會裡同樂；平日

民眾喜歡流連在省議會大樓前的大片草地

若想參觀省議會大廈內部，週一至週五都有數場約莫 45 分鐘的導覽，免費參加。

DATA

✉ 501 Belleville Street, Victoria, BC V8V 1X4 💲 免費 ➡ 搭乘公車 #3 在 Government Street 的高 Street 站下車 🌐 www.leg.bc.ca

北美第二古老的唐人街
唐人街 Chinatown

位於市中心內灣北方 15 分鐘路程之處，就是全加拿大最古老的唐人街；也是繼舊金山唐人街之後，全北美第二座唐人街。維多利亞唐人街的華裔來自歷史上 3 個移民潮：最早是 19 世紀中葉，從加州大量湧入的華裔礦工；第二波是 1858 年加拿大西岸菲沙河谷的淘金熱，吸引了眾多自中國前來的淘金客；最後一波則是加拿大修建太平洋鐵路時，動用大批華工，讓維多利亞成為當時全加拿大華人比例最高的城市。如今大量現代商鋪入駐，唐人街呈現華洋交錯的情景。在逛完「全世界

最窄的巷子」番攤里，走過巨大紅色牌坊同濟門，經過

同濟門鼓勵早期華人們要同心協力

飛簷的中華會館，不遠處就是人氣早午餐店 Jam Café 和 Union Pacific Coffee Shop。

DATA

✉ 500 Fisgard St, Victoria, BC V8W 1R4 ➡ 搭乘公車 #15 #24 #25，在 Pandora Street 上的 Government Street 站下車 🌐 chinatown.library.uvic.ca

氣派非凡的帝后飯店
帝后飯店 Fairmont Empress Hotel

面對維多利亞內灣，古堡建築風格的帝后飯店，是維多利亞最著名的建築物。帝后飯店於 1908 年開放營業，由英國建築設計師 Francis Rattenbury 設計。除了帝后飯店，內灣旁的省府議會大樓也是他的代表作。其作品華麗莊嚴，被譽為「具有皇室氣質的華麗」。飯店於 2017 年整修完成，464 間客房美侖美奐，新建的飯店大廳氣派摩登，與飯店古老氣息成為強烈的對比。帝后飯店素來是名人喜愛的落腳處，曾接待過的各國王公貴族、政府官員、好萊塢明星不計其數。繼承英倫傳統，飯店 1 樓大廳的下午茶百年來舉世聞名。不少遊客前來只為了嘗嘗 3 層銀製托盤上的美味甜點，搭配一壺熱騰騰的伯爵茶，對著窗外海灣美景，享受一份英倫風味的悠閒。

紅磚的城堡式帝后飯店，自有一股威嚴

D A T A

✉ 721 Government St, Victoria, BC V8W 1W5 ☎ (250) 384-8111 💲 住宿 $250 起／晚，傳統英式下午茶 $75 ／人 ➡ 搭乘公車 #3 在 Government Street 的高 Street 站下車 http www.fairmont.com/empress-victoria

瞭解卑詩省文化的首選
皇家卑詩博物館 Royal British Columbia Museum

皇家卑詩博物館外觀

如果想要了解卑詩省的文化，皇家卑詩博物館是必訪的景點。此博物館有 2 個特色：最完整的加拿大西岸原住民文物展出，以及還原古代自然或是歷史場景，讓遊客走入時光隧道，歷史在眼前重演。該館展覽品超過 100 萬件，分布在 3 層樓館：1 樓是國家地理雜誌世界的 3D IMAX 戲院，以及販售文物紀念品的皇家博物館商店；2 樓展示卑詩省的自然生態，重現冰河時期末期至現代卑詩省的生物群像；3 樓館藏了 18 世紀到 1970 年代的近代歷史文物，以及大量的原住民雕刻、藝術品，其豐富的圖騰柱收藏是鎮館之寶。

D A T A

✉ 675 Belleville St, Victoria, BC V8W 9W2 ☎ (250) 356-7226 🕐 週一～日 10:00 ～ 17:00 🚫 12/25、 1/1 💲 成人 $26.95，老人 (65 歲以上)、學生 (19 歲以上，須驗證件) $18.95，青少年 (6 ～ 18 歲) $16.95，5 歲以下嬰幼孩免費 ➡ 搭乘公車 #3 在 Government Street 的高 Street 站下車 http royalbcmuseum.bc.ca

熱鬧的水上人家
漁人碼頭 Fisherman's Wharf

甲板上色彩繽紛的船

　　雖然說是漁人碼頭，但是位於內港最西端，已經成為觀光客最喜歡的海港之一。這是一個搭建在海邊甲板的區域，由45間水上船屋組成，大多是一般住家，河上船隻來往，十分熱鬧。7成鮮豔色彩的船屋大多是海鮮、日本料理、墨西哥捲餅等餐廳，遊客可以點了餐，坐在甲板上品嘗。Barb's Fish & Chips 的炸魚和 Jackson's Ice Cream 的冰淇淋是遠近馳名的人氣店。除了在此參加出海賞鯨團，可以逛逛幾家別具特色的藝品小店，或在甲板步道上欣賞每一棟屋舍，不論是房屋形式或外部裝飾，都可看出水上人家閒適寫意的生活。

 DATA . . . .

✉ 12 Erie St, Victoria, BC V8V 4X5 ☎
(250) 383-83826 ➡ 自維多利亞內灣沿
Belleville Street 向西步行 10 分鐘，或是
在內灣搭乘水上小渡輪前往
🌐 fishermanswharfvictoria.com

孔雀漫步的公園
碧根山公園 & 零哩紀念碑 Beacon Hill Park & Mile Zero Monument

　　占地 24.8 公頃，碧根山公園是位於維多利亞市南方的大型公園。公園內花木扶疏，小橋流水，楊柳拂岸，環境清幽，是市民最愛的休閒。公園內的玫瑰園是野生孔雀的棲息地，時常可見成群孔雀漫步於草地上。園內有兒童農場，孩童可與綿羊、駱馬等動物互動，是市內最受家庭歡迎的休閒景點。位於公園西南角，零哩紀念碑站立在路旁，是橫跨加拿大公路的起點。從這裡出發向東，跋涉 8,000 公里即可抵達加拿大最東端的聖約翰市 (St. John's)。

橫跨加拿大公路的西岸起底
——零哩紀念碑

DATA . . . .

✉ 碧根山公園：100 Cook St, Victoria,
BC V8V；零哩紀念碑：18 Douglas St,
Victoria, BC V8V 2N6 ☎ (250) 361-
0600 🚫 12/25、1/1 💲 免費 ➡ 搭乘
公車 #3 #27 #28 #30 在 Government
Street 上的 Beacon 站下車 🌐 www.
beaconhillpark.com

吃在維多利亞

英倫風濃厚的飲食文化

地處加拿大西岸的太平洋濱，維多利亞的飲食文化，深受到西北岸海鮮料理影響。畢竟大英帝國的影響仍鉅，為此地的餐飲帶來濃厚的英倫風。

英式下午茶

下午茶文化的風行，就是深受英倫影響最好的例子。維多利亞街頭茶屋 (tea room) 林立，不論是鬧區街頭、花園深處，甚至住宅小區，都可見茶屋的蹤影。最著名的首推帝后飯店 (Fairmont Empress Hotel) 裡的英式下午茶，歷史悠久，環境高雅是其特色。如果想在花香裡細細品嘗英國茶的滋味，布查花園裡的 Dining Room 是行家必去。總督居住的 Government House 附設的茶屋 Cary Mews，是參觀完總督官邸後的品茶休憩之處；如果想深入民間品好茶，位於橡樹灣 (Oak Bay) 街上的 White Heather，是蘇格蘭風味的茶屋，當天現做的精緻茶點是當地老饕上門的原因。

Fairmont Empress Tea Room
http www.fairmont.com/empress-victoria

The Dining Room at Butchart Gardens
http www.butchartgardens.com/dining

Cary Mews Tea House
http www.ltgov.bc.ca/gardens/cary-mews

White Heather Tea Room
http www.whiteheather-tearoom.com

唐人街附近的 Jam Café

White Heather 精緻的茶點

炸魚薯條餐

曾有這麼一說：「炸魚是英國最沒有深度的餐飲。」但其實要烹煮出美味的炸魚並不是那麼簡單：新鮮的漁獲、麵粉漿裹的厚度、油炸的溫度與時間控制等等，每一個細節都決定著炸魚有無外酥內嫩、魚肉鮮度與風味是否忠實保留。想在維多利亞吃到美味的炸魚餐，往碼頭去準沒錯。

Red Fish Blue Fish 位於內灣北面海邊，緊鄰水上飛機場，用餐時間總是大排長龍。若逛到漁人碼頭，你會看見在甲板上餐桌前的人們，

大概 2 個人裡面就有一個正在大啖 Barb's 的炸魚薯條。開業 33 年，經常獲得各項美食獎，甚至被選為電影和電視節目的場景，這樣的美食不嘗可惜吧！

Red Fish Blue Fish
http www.redfish-bluefish.com
Barb's Fish and Chips
http barbsfishandchips.com

隨時大排長龍的炸魚攤

碼頭邊享用炸魚

早午餐

雖然不是英國專屬的產物，北美的週末吃頓早午餐可是件流行的事，在維多利亞也不例外。雖說是早午餐，但是在一般早餐時段前去排隊，一點也不稀奇。如果睡到日出三竿才匆匆忙忙趕去餐館，在人龍後等待你的可能已經是「午餐」，甚至是「午晚餐」了。君不見唐人街附近的 Jam Café，永遠都有人邊等邊划手機？在古董街 Fort Street 上的 Blue Fox Café 雖然全日提供早餐，但是人龍總是出現在上午 10 點前；既然美國美食節目 You Gotta Eat Here 都專程跑來維多利亞，報導了 John's Place 這家的早餐，那就不該把這家略帶復古風味，經營超過 30 年的小館漏掉吧？

Jam Café
http jamcafes.com
Blue Fox Café
http www.thebluefoxcafe.com
John's Place
http www.johnsplace.ca

隱身市郊的人氣茶屋 White Heather

北岸都市
North Shore

集買、玩、吃、住於一身的藍斯岱爾碼頭公眾市場

區域範圍

本區是布洛德內灣北岸的都
會區，包含了北溫哥華市
(North Vancouver，俗稱北
溫) 以及西溫哥華區 (West
Vancouver，俗稱西溫)，兩
城市以卡佩藍諾河 (Capilano
River) 為界。

交通對策

從溫哥華市前往北岸都
市有兩種路徑：海路為
Translink 經營的跨海渡輪
(Sea Bus)，陸路則經由
獅門大橋或鐵礦工人紀念
橋 (Iron Workers Memorial
Bridge)。

從 Baden Powell Trail 步道至高
點俯瞰深灣全景

北溫哥華市

在大溫地區開發最早的都市是菲沙河旁，俗稱
「二埠」的新西敏市 (New Westminster)，其次就
是北溫哥華市。北溫市是布洛德內灣沿岸最早開
拓的地方，甚至比溫哥華更早。本區被北美黃杉
覆蓋滿滿，是伐木業的重要財源。1860 年代，水

北溫 Cleveland Dam 儲水湖

北溫的鮭魚人工孵化場

力伐木場在菲沙河畔慕迪維 (Moodyville) 設立，郵局、學校陸續開設，北溫哥華區正式成為一個市鎮，範圍遍布布洛德內灣整個北岸，幅員廣大。20世紀初市府陷入財務危機，導致西溫市脫離而自組新市鎮，北溫轄地縮小至目前的範圍。

西溫哥華區

歐洲人在19世紀抵達卑詩省以前，西溫哥華是史夸密須原住民的居住地。北溫哥華區成立時包括當時稱為西卡佩藍諾區 (West Capilano) 的西溫區；1912年西溫區脫離北溫區成立地方政府，人口只有700人。1930年代，愛爾蘭的健力士家族西溫區政府達成協議，共同開發此一新市鎮。造船業興盛、獅門橋於於1938年開通、市內最大商場 Park Royal 於1950年開幕，都為西溫帶來繁榮的經濟。 2010年冬季奧運部分項目在西溫境內的黃柏山滑雪場舉辦，更是提升西溫知名度的推手。西溫的豪華住宅沿著坡地而建，依山傍海，是大溫地區有名的高級住宅區。

從北溫遠眺溫哥華市的天際線

西溫的大型購物中心 Park Royal

北岸都市地圖

Horseshoe Bay
馬蹄灣
Cypress Mountain
黃柏山滑雪場
Cypress
Provincial Park
黃柏省立公園
Sea-to-sky Highway
Cypress Bowl Road
Observatory Restaurant
Grouse Mountain
松雞山
Capilano Lake ●
Capilano River Hatchery ●
Capilano Road
Capilano Suspension
Bridge Park
卡佩藍諾吊橋公園
Lynn Canyon Park ●
Marine Drive
27th St
99 Highway
15th St
No 1 Highway
Lonsdale Ave
Lighthouse
Park
Temper Chocolate & Pastry
Savary Island Pie Company
Café Crema
Ambleside Park
Marine Drive
Le Maison Simons
西蒙百貨公司
Royal Park
Shopping Centre
Tomahawk Restaurant
3rd Street West
Lonsdale Quay 藍斯岱爾碼頭
Public Market 公眾市場

測試你膽量的懸空吊橋
卡佩藍諾吊橋公園
Capilano Suspension Bridge Park

讓不少膽怯者尖叫止步的卡佩藍諾吊橋是這個公園最重要的景點。全長 140 公尺，懸在 70 公尺高的河床上，雖然鋼纜穩穩地固定在兩端峭壁的水泥基柱上，安全絕對無虞，但如果身邊有好動的青少年刻意在吊橋上蹦跳，你的心跳絕對翻倍跳。聖誕節期間，掛滿聖誕燈飾的卡佩藍諾吊橋 (Canyon Lights) 也是溫哥華冬季耶誕景點之一。

33 公尺高的樹頂步道 (Treetops Adventure) 也是該園的亮點，在樹齡 250 歲的百年老樹間輕快地移動，雖然不如走吊橋般驚心動魄，卻也有另一種飛簷走壁的快感。公園內的熱門景點懸崖步道 (Cliffwalk) 以半圓弧形懸吊在峽谷之上，腳底下踩的是狹窄木棧道，山風呼呼，讓短短幾十公尺的步道走起來特別腿軟。

如果走完這些高空的步道還有點時間，不妨瀏覽園內的史蹟展，讓歷史牆告訴你當年原住民如何遭到歐洲人驅趕，以及華人在搭建太平洋鐵路時的血汗付出。門口的禮品店是全北美最大的原住民手工藝品專賣店 Trading Post，買件原住民設計的圖騰 T 恤回國贈送親友是不錯的好主意。

DATA

✉ 3735 Capilano Road, North Vancouver, BC V7R 4J1 ☎ (604)985-7474 🕐 夏季 (5/30 ～ 9/7) 週一～五 08:30 ～ 20:00，其他季節開放時間請見官網 🚫 12/25 💲 成人 $42.95，老人 (65 歲以上) $38.95，學生 (17 歲以上，須憑證) 33.95，青少年 (13 ～ 16 歲) $26.95，兒童 (6 ～ 12 歲) $14.95，6 歲以下幼童免費 ➡ 在北溫藍斯岱爾公車總站搭乘公車 #236，在卡佩藍諾公園站下車。園方亦有免費接駁車在溫哥華市中心各飯店停靠，免費接送遊客往來公園 http www.capbridge.com

掛滿聖誕燈的樹頂步道

週末有各種市集、嘉年華

藍斯岱爾碼頭公眾市場
Lonsdale Quay & Public Market

位於北溫 Sea Bus 渡船碼頭，與溫哥華市遙遙相對。從溫哥華市中心出發，搭乘 Sea Bus 只要 15 分鐘即可抵達。公眾市場 (Public Market) 是碼頭邊最重要的商業中心，90 家各種不同的商鋪，好逛、好吃、更好買。市場前的廣場遠看溫哥華的天際線，每當假日，各種市集、嘉年華會在此舉辦。市場後方的 Lonsdale Avenue 個性商店林立，是另一個散步逛街的好去處。公車總站位於渡船口旁，可由此搭乘公車前往松雞山、西溫、深灣等地，十分便捷。

充滿活力的 Lansdale Quay 公眾市場

✉ 123 Carrie Cates Court, North Vancouver, BC V7M 3K7 ☎ (604)985-6261 🕐 週六～四 09:00 ～ 19:00，週五 10:00 ～ 20:00 ➡ 自溫哥華 Waterfront 搭乘 Sea Bus 至藍斯岱爾碼頭，下船後右轉即抵達 🌐 www.lonsdalequay.com

可參加獨木舟體驗、划船課程

深灣划船中心
Deep Cove Canoe & Kayak Centre

此處是布洛德內灣深入山谷的小灣，被山勢包圍，灣內水波不興，岸邊有店家提供船隻的租借，遊客可參加各種划船課程。深灣附近的森林步道、野餐區更是值得與好友健走或是烤肉野餐。附近的登山步道可以盡攬深灣海景，爬完山後到小而美的深灣街區，來杯咖啡、甜甜圈或是杯雞尾酒，享受海灣秀麗的景致。

Ｄ Ａ Ｔ Ａ

✉ 2156 Banbury Road, North Vancouver, BC V7G 2T1 ☎ (604)929-2268 🕐 5 ～ 8 月 週一～日 09:00 ～天黑，其他季節請見官網 💲 租借 $39 / 2 小時，$85 / 全天 ➡ 搭乘公車 #212 #211 在 Banbury Road 上的 Gallant Avenue 站下車 🌐 www.deepcovebc.com

黃柏山及黃柏省立公園 Cypress Mountain & Cypress Provincial Park

黃柏山是大溫地區熱門的滑雪勝地。2010 年冬奧自由式滑雪和單板滑雪項目在此地的雪場舉辦，更增添名氣；冬季滑雪場諾大的停車場擠得水洩不通，甚至有從美國慕名前來滑雪的民眾，不論是滑雪、溜雪 (Snow tubing) 或是踩雪的場地一應俱全。黃柏省立公園則是健走者的天堂。為數眾多的登山步道穿過層層森林。入口停車場是遠眺溫哥

黃柏省立公園入口

華市好景點，俯視大溫低陸平原，東至溫哥華島，西達美國華盛頓州高山，一望無際。

DATA

✉ 6000 Cypress Bowl Road, Vancouver, BC V0N 1G0 ☎ (604)926-5612 ⏰ 滑雪區 12 月 09:00 ～ 16:00，1 ～ 3 月 09:00 ～ 22:00，4 月～雪季結束 10:00 ～ 17:00 💲 成人 $60，青少年 $46，兒童 $26 ➡ 從溫哥華市中心出發至黃柏山，開車只須 40 分鐘。冬天雪季如果不想自行開車，可以選擇搭乘 Cypress Coach Lines，從藍斯岱爾碼頭上車，單程車票 $23 🌐 www.cypressmountain.com

松雞山 Grouse Mountain

被稱為「溫哥華的屋頂」，松雞山是離溫哥華市最近的高山，20 分鐘就可以從溫哥華市中心到達滑雪場的停車場。你可以選擇從停車場搭乘纜車 (Skyride) 登高 3,600 英呎到滑雪場，或選擇徒步登山。松雞山登山步道 (Grouse Gride Trail) 堪稱松雞山好漢坡，2.9 公里的陡坡分 4

段，一般人得花 1.5 ～ 2 小時才能完成。搭纜車下山只要 $10，上山徒步下山搭纜車，省錢、健身同時達成。

DATA

✉ 6400 Nancy Greene Way, North Vancouver, BC V7R 4K9 ☎ (604)980-9311 ⏰ 週一～日 09:00 ～ 22:00 💲 Alpine 山區纜車：成人 (17 ～ 64 歲) $59，老人 (65 歲以上) $52，兒童 (5 ～ 16 歲) $32，4 歲以下幼童 免費，家庭套票 (成人 2 位＋19 歲以下 2 位) $159 ➡ 在 Phibbs Exchange 搭乘公車 #232，或是在藍斯岱爾碼頭搭乘 #236 可達松雞山滑雪停車場。從溫哥華市中心加拿大廣場可搭免費接駁車前往 🌐 www.grousemountain.com

搭乘纜車登上松雞山，沿途可見白雪樹頭

海天公路的起點
馬蹄灣 Horseshoe Bay

原本是個小漁村,成為渡輪碼頭後,馬蹄灣搖身一變知名的觀光景點。此地是西溫區的最西端,也是 99 號公路經由海天公路 (sea-to-sky) 前往滑雪勝地惠斯勒的起點。面對豪灣 (Howe Sound),卑詩省渡輪的船隻在此停靠,前往溫哥華島 (Vancouver Island) 或是陽光海岸 (Sunshine Coast) 等城市。灣邊的小鎮上臨海灣有不少咖啡館、冰淇淋店,都是觀賞渡輪進港的好據點。街上 Trolls Restaurant

已有數十年歷史,薯條炸魚餐遠近馳名。港邊甲板上的 Boathouse 餐廳,是觀賞馬蹄灣海景最佳的休閒海鮮餐廳。

DATA

✉ West Vancouver, BC V7W 3H5
☎ (604)981-5300 ➡ 搭乘公車 #250 #257 #259 #C12 在 Horseshoe Bay Ferry Terminal 站下車

欣賞卑詩渡輪進出港的馬蹄灣

Trolls 餐廳的炸魚薯條餐享譽數十載

勁歌熱舞的加勒比海慶典
加勒比海嘉年華節
Caribbean Days Festival

這個慶典可能是大溫哥華地區最熱鬧的活動。每年 7 月下旬連續舉辦 2 天,地點就在北溫藍斯岱爾碼頭旁的 Waterfront Park。加勒比海的風俗素以熱情聞名,這個活動也不例外,掃街遊行、現場音樂表演、熱歌勁舞、食物攤位等等,現場穿梭著打扮火熱的民眾,把一向文靜的北岸海濱公園翻騰了起來。如果你是辛辣食物愛好者,不妨嘗嘗中美洲嗆辣的食物,搭配冰涼的啤酒下肚,包準你暢快到底。

DATA

✉ 北溫市 Waterfront Park ☎ (604)515-2400 💲 免費 ➡ 從溫哥華 Waterfront 搭乘 Sea Bus 抵達藍斯岱爾碼頭,下船後左轉前行 5 分鐘
http www.caribbeandays.ca

顏色鮮艷、穿著性感的嘉年華會遊行佳麗

加拿大西岸第一家分店
西蒙百貨公司 Le Maison Simons

來自加拿大東岸魁北克省的百貨天王終於落腳卑詩省。位於居民年收入較高的西溫哥華區，Simons 百貨公司看準了高端的消費層，從內到外洋溢著典雅的法式風格。兩層樓的樓板面積超過 10 萬方英呎，以現代藝術雕塑妝點，購物空間新穎大方。男女裝比例相當，自行代

理的歐洲風格服飾與溫哥華原有的百貨明顯區隔，令人耳目一新。

Simons Vancouver 是加拿大西岸第一家分店

散發濃濃的法國味　　男女裝比例 1:1 是特色

DATA

✉ 1060, Park Royal South West Vancouver, BC, V7T 1A1 ☎ (604)925-1840 ◷ 週一～二 10:00 ～ 19:00，週三～五 10:00 ～ 21:00，週六 09:30 ～ 18:00，週日 11:00 ～ 18:00 ➡ 搭乘公車 #250 #251 #252，在 Marine Drive 上的 Park Royal North 站下車。橫跨 Marine Drive 抵達 Park Royal South 商場，Le Maison Simons 在商場的西端
http www.simons.ca

布滿各式原住民圖畫及雕塑
Tomahawk Restaurant

溫哥華唯一的原住民特色餐廳，每年都吸引不少媒體報導。門口圖騰柱高高矗立，餐廳外觀有著濃濃的民族風；走進餐廳，四周牆壁、頭頂梁柱都裝飾著原住民的圖畫及雕塑。由原住民家族經營，自從 1926 年開業以來，除了餐飲經營外，發揚原住民文化也是業者的使命。為了保護藝術家的著作權，店裡禁止攝影。

本店的餐飲以分量大和提供道地的加拿大食材著名，育空培根肉炒蛋 (Yukon Bacon and Eggs) 以及蘇庫康酋長漢堡 (Skookum Chief Burger) 是最熱門的餐點。

DATA

✉ 550 Philip Avenue, North Vancouver, BC, V7P 2V8
☎ (604)988-2612 ◷ 週日～四 08:00 ～ 21:00，週五～六 08:00 ～ 20:00 休 感恩節、聖誕節 $ 約 $20 ／人 ➡ 搭乘公車 #239 #240 #241 #255 在 Marine Drive 上的 Philip Avenue 下車，在 Philip Avenue 左轉即可到達
http www.tomahawkrestaurant.com

帶一絲神祕氣息的原住民餐廳

內餡扎實的北美傳統派餅
Savary Island Pie Company

　　自 1989 年開店以來，Savary Island Pie Company 的派就是北溫市居民的生活記憶。各式派餅不論鹹甜，結實飽滿，餡料豐富，傳統北美口味。雖然價格稍高，但是死忠的民眾從不以為意。蔓越莓菠菜大黃 (Raspberry Rhubarb) 口味的派餅絕對值得一試；喜歡甜點的人不妨試試新鮮藍莓做的藍莓派。萬聖節前後，客人預訂的南瓜派堆疊一整面牆，甚為壯觀。

 DATA

✉ 1533 Marine Drive, West Vancouver, BC V7V 1H9 ☎ (604)922-4809 🕐 週一～日 06:00 ～ 19:00 💲 約 $15 ／人 ➡ 搭乘公車 #250 #251 #253 #255 在 Marine Drive 上的 15th Avenue 站下車 http savaryislandpiecompany.com

外觀頗富英國酒館氣息

口味十分傳統的雞肉派是招牌菜

情侶最愛的高空餐廳
Observatory Restaurant

　　這家餐廳的招牌菜香煎鴨胸肉 (Roasted Duck Breas) 和松露牛肉 (RR Ranch Beef Tenderloin)，搭配的佐料是高空俯瞰溫哥華的風景！位於松雞山的頂端，史丹利公園、UBC 大學所在的半島、溫哥華市如劍山般的摩天大樓，在這餐廳眼中有如巨人腳下的樂高積木。美國華盛頓州的島嶼橫互在遠方，地球的海平面微微拱成弧形。情侶們在此用餐，彷彿手一舉就可以摘到星斗，這應該是最浪漫的晚餐選擇了。此餐廳單價偏高，幸好來此用餐可免松雞山纜車車票，顧客省了不少銀兩，也是餐廳招攬客人有效的手法。

松雞餐廳的烤鮭魚排

DATA

✉ 6400 Nancy Greene Way, North Vancouver, BC V7R 4K9 ☎ (604)998-4403 🕐 週一～日 17:00 ～ 22:00 💲 約 $50 ～ 70 ／人 http www.observatoryrestaurant.ca

Vancouver

Selish
Sea

本那比
Burnaby

華燈初上的鐵道鎮購物中心

區域範圍

本那比是位於溫哥華東方的城市。西邊隔著 Boundary Road 與溫市緊鄰，東邊以 North Road 與高貴林 (Coquitlam)、滿地寶 (Port Moody) 以及新西敏市 (New Westminster) 相接；北方挨著內海，南方直達菲沙河，是位居大溫地區地理正中央的位置。分為北本那比與南本那比兩區，鹿湖 (Deer Lake) 與本那比湖 (Burnaby Lake) 橫亙，是個有山有水的城市。

交通對策

SkyTrain 有兩條路線 —— Expo Line 和 Millennium Line 一南一北經過本那比，串聯該市與溫哥華、高貴林和新西敏市間的往來。

雖然歐洲裔移民早在 1850 年就抵達本那比一帶，但當時本區以農業為主，發展緩慢。1886 年溫哥華設市，與當時的市政中心新西敏市往來頻繁，不列顛哥倫比亞電力鐵路公司於 1891 年興建一條市際電車線連接兩地，電車跨過兩個城市之間的本那比，此區域因而興盛起來。1892 年正式成立「本那比區」，以 1859 年探索本那比湖

還原當年街道情景的本那比村落博物館

愛逛街是各族裔的共通點 (鐵道鎮購物中心)

一帶的地質測量家羅伯特本那比 (Robert Burnaby)。SkyTrain Expo Line 於 1985 年開通，活絡了鐵道鎮站 (Metrotown) 一帶的商業發展。為慶祝百周年紀念，本那比於 1992 年正式改制為市，由一個典型的農村搖身一變，成為大溫地區一級城市。雖然鐵道鎮附近的 Kingsway 沿線近幾年高樓如雨後春筍林立，都會景觀不亞於溫哥華市中心，但是該城市的森林、公園、農場等綠地面積比例仍高，排名居北美各大都市中前三名。

鹿湖倒映著城市天際線

本那比地圖

Horizons Restaurant 🍴📷 Burnaby Mountain Park 本那比山公園

East Hasting Street

Simon Fraser University 西門菲沙大學

Brentwood Town Centre

Holdom Station 🚉

Brentwood Town Centre Station 🚉

Sperling-Burnaby Lake Station 🚉

Lake City Way Station 🚉

Production Way-University Station 🚉

Lougheed Highway

No 1 Highway

Willingdon Ave

Boundary Road

BCIT 卑詩理工學院

Burnaby Lake Park 本那比湖公園

Canada Way

Burnaby Art Gallery 本那比美術館

Shadbolt Centre for the Arts 夏伯特藝術中心

Deer Lake Parkway

Burnaby Village Museum 本那比村落博物館

Café La Foret

Trattoria Italian Kitchen

Deer Lake Park 鹿湖公園

Patterson 🚉

Nelson Road

Royal Oak Ave

Metrotown Imperial St

Pho Hong Vietnamese Restaurant

New Westminster City 新西敏市

Kingsway

Edmonds Street

Crystal Mall 麗晶廣場

Royal Oak Rumble Street

Gilley Road

Edmonds 🚉

Burnaby Central Park 本那比中央公園

Patterson Ave

Metropolis at Metrotown 鐵道鎮購物中心

New Westminster Station

Marine Drive

Marine Way

Stewardson Way

22nd Street 🚉

打造成一座走動式的小村落博物館
本那比村落博物館
Burnaby Village Museum

本那比村落博物館不是一個傳統的,中規中矩的博物館。以「戶外開放空間,群體建築」作為博物館的特色,還原了 1890 ～ 1920 年代本那比市鎮的生活。園區裡 31 間完好的歷史建築,古董大大小小加起來超過 5 萬件:百年火車和車站、小學教室、加油站、銀行、打鐵鋪、糕餅店、藥房等組成的街區,整個博物館就是一座村落。遊客可以在裡面散步、觀賞、觸摸、體會;工作人員穿著古時候的服裝在街頭或商店裡和遊客互動,更增添了歷史的真實性。

離開博物館前別忘了仔細觀賞一下博物館後方的旋轉木馬。原產於 1912 的美國堪薩斯市,由專門製造旋轉木馬的公司 C.W. Parker Carousel 所生產。雖然有了上百年的歷史,但經過精心的整修和維護,群馬神采奕奕。木馬們各自有名字,身形表情也無一相同。如果你想好好認識每一隻木馬,一旁 42 吋觸控大螢幕裡詳盡說牠們的身世。

每年 12 月本那比村落博物館的聖誕燈飾極為迷人,漫步在古老氛圍的耶誕燈群裡,盡是說不出的浪漫和優雅!

DATA

✉ 6501 Deer Lake Avenue, Burnaby, BC V5G 3T6 ☎ (604)297-4565 ◷ 夏季週二～日、國定假日 11:00 ～ 16:30 ⊗ 週一、12/24、12/25 $ 門票免費,旋轉木馬 $2.65 / 次 ➡ 搭乘公車 #123 #129 在 Canada Way 上的 Sperling Ave 站下車 🌐 www.burnabyvillagemuseum.ca

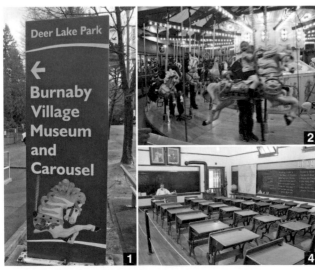

1. 旋轉木馬是博物館的招牌設施
2. 古董級的旋轉木馬既漂亮又歡樂
3. 百年前的街車在穀倉裡展出
4. 老舊教室裡聘請導覽員工扮演老師

猶如都市中的一顆藍寶石
鹿湖公園 Deer Lake Park

湖水碧藍，映著四周丘陵的綠意，鹿湖像是顆掉落在本那比市的寶石。在環湖的木頭棧道，湖心划槳小船上傳來陣陣笑聲。夏天賞蓮、秋天賞楓，鹿湖四季的景色都扣人心弦。湖泊東側有一處沙灘，平日各種鳥類群集戲水，一點也不怕遊客。湖濱西望即是南本那比高聳大樓大際線；本那比美術館

(Burnaby Art Gallery)、夏伯特藝術中心 (Shadbolt Centre for the Arts)、本那比村落博物館等圍繞在湖泊四周，文化氣息濃厚。夏季活動除了森林小徑健走、湖上划船，7月分市政府在夏伯特藝術中心前草坪廣場舉辦戶外音樂會 (Symphony in the Park)，每年吸引數千民眾參加。

 DATA

✉ 6450 Deer Lake Ave, Burnaby, BC V5H 4R4 ☎ (604)294-7450 💲 免費
➡ 搭乘公車 #144 在 Shadbolt Centre 站下車 http www.burnaby.ca

全市觀賞夕陽的最佳地點
本那比山公園 Burnaby Mountain Park

想把本那比市一眼看透，就得到本那比山公園來。位於本那比保護區 (Burnaby Mountain Conservation Area) 內，這個全市最高點的公園，遠眺溫哥華市區，近看本那比市容以及湛藍的內海。最好的遊園時機是傍晚，看夕陽緩緩落入地平線之前，夕照在天際以及城市上空顏色瑰麗地變換。園內的景點還包含氣勢宏偉的巨大圖騰群、植物、花株型塑各式動物雕像的 Eco-Sculptures，以及一座精雕細琢的玫瑰花園。公園一角的餐廳 Horizons Restaurant 果然名副其實，端坐餐廳內享用西海岸海鮮餐點時，大溫地區的海平線景致就在眼前。

DATA

✉ 100-300 Centennial Way, Burnaby, BC V5A 2X9 ☎ (604)294-7450 💲 免費 ➡ 搭乘公車 #135 #144 在 Burnaby Mountain Parkway 路上的 Curtis Street 站下車。沿著 Burnaby Mountain Parkway 前行，在 Centennial Way 左轉，爬坡上山 1 公里左右即抵達 http www.burnaby.ca

栩栩如生的植物雕塑　從公園俯瞰本那比市中心的落日美景

193

全卑詩省最大購物中心
鐵道鎮購物中心
Metropolis at Metrotown

來到這座購物中心，你只恨一整天時間不夠用。位於本那比市南區，鐵道鎮購物中心本身就是商圈的心臟。這是全卑詩省第一大、全加拿大第三大的購物中心，擁有 2 家百貨公司、數十家大型超市和主題商店、450 家各式店鋪，匯集了加拿大最潮最經典的品牌。每年吸引 2 千

7 百萬人次前來購物，寬闊的街道任何時間都是人潮滿滿。除了購物，餐廳、小吃街、書店、電影院等休閒去處，連看病的診所、辦理駕照的監理所都一應俱全。看過大溫地區的好山好水，不妨到鐵道鎮消磨一整天，過過大啖美食、用力血拼的癮吧！

D A T A

✉ 4700 Kingsway, Burnaby, BC V5H 4M1 ☎ (604)438-4700 ◷ 週一～六 10:00 ～ 21:00，週日 11:00 ～ 19:00 ➡ 搭乘 SkyTrain Millennium Line/Expo Line，在 Metrotown 站下車 http metropolisatmetrotown.com

華人經營的大江南北小吃街
麗晶廣場小吃街
Crystal Mall Food Court

由華人經營，這個購物商城充滿濃濃的港味！這個兩層樓圓弧形商場擁有餐廳、酒樓、銀行、菜市場等等超過 200 家店鋪，本那比是華人的生活中心。小吃街位於圓弧形的商場的 2 樓，匯聚了 20 多家小吃餐廳。大江南北口味不同，一致的是分量不小，價格經濟實惠。喜歡吃川菜的朋友不要錯過抄手王，地道的紅油抄手和燃麵辣得過癮。香沅橋雲南過橋米線的魚湯米線湯頭鮮甜，米線 Q 彈。利源冰店的八寶冰或是椰汁三色冰料多分量大，是飯後甜點最佳選擇。

麗晶廣場小吃街裡南北口味齊聚

D A T A

✉ 4500 Kingsway, Burnaby, BC V5H 2B1 ☎ (604)438-6263 ◷ 週一～日 09:00 ～ 21:00 💲 $10 ～ 15 ／人 ➡ 搭乘 SkyTrain Millennium Line/Expo Line，在 Metrotown 站下車，出站右轉，前行至 Willingdon Avenue 右轉，經過 Kingsborough Street 後即抵達 http www.thecrystalmall.ca

綠樹美化了原本挑高單調的室內空間

汽車修理廠裡的森林咖啡館
Café La Foret

咖啡館外牆攀爬了幾株爬藤，斗大的 La Foret 掛在門口上方。建築的前身是家汽車美容廠，占地寬闊。房屋易手，接手的韓國人將這 5,000 平方英呎大的工廠改裝成開放空間的咖啡館，挑高的天花板，即便多達 100 個座位，空間依然通透。

這樣寬敞的環境，由木、石、玻璃組成，陽光透過玻璃天井以及鏤空玻璃車庫滑門穿入室內，增添空曠感。La Foret 是法語，「森林」之意，走進大門市內中央的植物島立即映入眼簾，不難想見店名的由來。咖啡館的餐點甜食選擇眾多，搭配一杯熱騰騰的咖啡，體驗講話回音四起的空間感，相當有趣。

DATA

✉ 6848 Jubilee Avenue, Burnaby, BC V5J 4B3 ☎ (604) 428-8155 ⓒ 週一～五 08:00 ～ 23:00，週六～日 09:00 ～ 23:00 💲 約 $10 ～ 15／人 ➡ 搭乘 #49 #116 公車在 Imperial Street 上的 Waverley Avenue 站下車，沿 Imperia Street 東行，至 Jubilee Street 右轉 http www.cafelaforet.com

年輕族群最愛的手工碳烤披薩
Trattoria Italian Kitchen

位於 Kingsway 上的 Trattoria 是該餐廳系列第 3 家分店。主打家庭口味的義大利輕食，餐廳挑高氣派，裝潢現代華麗，深深吸引都會年輕族群。一座兩層樓高的炭火烤爐坐落店中間，披薩師傅在爐前拍打、拋接麵皮。義大利麵、手工薄皮披薩十數種口味選擇之外，該餐廳葡萄酒藏量極豐。入夜後室內燭光點點，戶外座位面對本那比車水馬龍的夜色，酒吧風情展現無遺。

年輕的廚師拋打著披薩餅皮

DATA

✉ 102-4501 Kingsway, Burnaby, BC V5H 2A9 ☎ (604)424-8779 ⓒ 週一～日 11:00 ～ 00:00 ➡ 搭乘公車 #19 在 Willingdon Avenue 站下車，沿 Kingsway 東行過 Willingdon Avenue 即抵達。或搭乘 SkyTrain Millennium Line／Expo Line，在 Metrotown 站下車，出站右轉，前行至 Willingdon Avenue 右轉，經過 Kingsway 後即抵達 💲 約 $20 ～ 30／人 http roundhouse.ca

Vancouver

Selish Sea

列治文
Richmond

史提夫斯頓碼頭的漁船

區域範圍

本城市位於溫哥華南方，包含溫哥華國際機場所在的海島 (Sea Island) 以及魯魯島 (Lulu Island) 兩個主要島嶼，外加 13 個和中小島，構成了列治文市。

交通對策

為了冬季奧運而興建的 SkyTrain Canada Line 在 2010 年落成啟用，停靠溫哥華國際機場以及列治文多個車站，是從溫哥華前往本市或是城市內往來最方便的交通工具。

來到加拿大西岸，踏出溫哥華國際機場，已置身列治文，因為機場就坐落於這座城市。從機場開車 10 分鐘就能到達列治文的市中心，25 分鐘就可到達溫哥華的市中心。列治文市交通的方便性可見一斑。

歐洲裔移民於 1860 年代抵達魯魯島，務農謀生。當年魯魯島的內陸處處是沼澤，地勢較低，不利於陸路交通，居民出入以小船代步。漁業於 1880 年代開始發展，造船業也連帶興旺起來。來自原住民、日本的漁民和被遣散的鐵路華工陸續到本地漁場和船廠工作。西南部的漁村

列治文眾多中文店招

史提夫斯頓 (Steveston) 逐漸發展成漁業重鎮；目前位於此處的漁人碼頭仍正常運作，同時也成為著名的觀光景點。

列治文的人口將近 19

萬，有色人種占比近 6 成，華裔就占了本市一半，絕大多數是來自上世紀 90 年代，香港、台灣和中國大陸的移民，是北美洲最大的華人居住圈。

在溫哥華想吃中餐，來列治文就對了。該城市的華人超市店數眾多，店面超大，商品種類齊全，採購亞洲食物之便應該高居全加拿大之冠。

沿著主要幹道三號路 (No 3 Road) 和亞歷山卓路 (Alexandra Road)，集中了大江南北各菜系的中餐館。無論是台菜、川菜，港式料理，上海菜，東北菜等應有盡有。當地加拿大人為此區取名為「Golden City」，亞洲各國料理也不缺席：日式壽司、韓式泡菜鍋、印度捲餅、越南河粉等等，想吃不愁找不到。說列治文市是亞洲美食城，一點也不誇張。

Minoru 公園的熱門結婚小教堂

八百伴中心以及 Aberdeen Centre 是華人為主的購物商場

列治文地圖

Richmond-Golden City 列治文-黃金城市

Summer Night Market 夏日夜市

YVR 溫哥華國際機場
Grant McConachie Way
Bridgeport Road
No 99 Highway
Cambie St
Knight St
Alderbridge Way
River Road
Westminster Highway
Granville Avenue
No 1 Road
Railway Ave
No 2 Road
Blundell Road
Gilbert Road
No 3 Road
Garden City Road
No 4 Road
Shell Road
No 5 Road
No 99 Highway
No 6 Road
Francis Road
Williams Road
Richmond-Steveston 列治文-史提夫斯頓
Seventh Ave
Steveston Highway
Moncton Street

列治文：黃金城市地圖

Vancouver International Airport (YVR)
溫哥華國際機場

Sea Island Centre

Templeton St

Templeton Station Rd

Templeton

Sea Harbour Seafood Restaurant
海港大酒樓 ● ● River Rock Casino 河石賭場
Bridgeport

Richmond Night Market
列治文夜市 ● Costco

YVE Airport

Grant McConachie Way

Bridgeport Rd

McArthurGlen Designer Outlets
麥克阿瑟格林奧特萊斯

Sea Island Way

Yohan Super Market
八百伴超市

No. 99 Highway

Shell Road

Red Star Seafood Restaurant
鴻星海鮮酒家

Russ Baker Way

● Uncle Lu

Aberdeen Center
時代坊

Cambie Street

Happy Tree House BBQ Richmond
木屋碳烤

HK B.B.Q. Master
明家燒臘

Aberdeen

No 3 Rd

Deer Garden Signatures
鹿園魚湯米線

Delicious Cuisine 一品怪廚

Alexandra Rd
Alderbridge Way

No 4 Road

Richmond Olympic Oval
冬奧場館

Lansdowne

● Lansdowne Centre
● No.9 Restaurant 九記

Richmond Nature Park ●

River Road

Shanghai River Restaurant
滬江海派料理

Lansdowne Rd

● Dinesty Dumpling House 聚
● Top Shanghai Cuisine 上海一只鼎

Westminster Highway

Richmond Hospital
列治文醫院

Westminster Highway

Richmond Centre
列治文購物中心

Minoru Park
米諾魯公園

Richmond-Brighouse

Garden City Road

No 1 Road

No 2 Road

Gilbert Rd

Richmond City Hall
列治文市政府

Granville Avenue

Granville Avenue

列治文：史提夫斯頓地圖

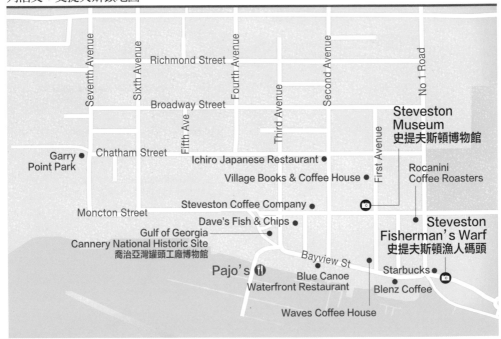

Seventh Avenue

Sixth Avenue

Richmond Street

Fourth Avenue

Second Avenue

No 1 Road

Broadway Street

Fifth Ave

Third Avenue

First Avenue

Steveston Museum
史提夫斯頓博物館

Garry Point Park ●

Chatham Street

Ichiro Japanese Restaurant

Village Books & Coffee House ●

Rocanini Coffee Roasters

Steveston Coffee Company ●

Moncton Street

Dave's Fish & Chips ●

Gulf of Georgia Cannery National Historic Site
喬治亞灣罐頭工廠博物館

Bayview St

Steveston Fisherman's Warf
史提夫斯頓漁人碼頭

Pajo's

Blue Canoe Waterfront Restaurant

Starbucks ●

Blenz Coffee

Waves Coffee House

菲沙河谷最大的酒莊
鷺島酒莊 LuLu Island Winery

從列治文市區 5 分鐘車程外就可以逛葡萄酒莊？位於 7 號路和 8 號路之間的鷺島酒莊，擁有 15 畝葡萄園，以及一條作為婚宴場地之用的葡萄藤隧道。酒莊本身面積 22,000 平方尺，兼具釀酒、品酒及銷售功能，是菲沙河谷最大的酒莊。

鷺島酒莊的冰酒多次獲得到加拿大以及國際間酒評大獎，最有名的是 Icewine Viogier，曾獲 2010 最高榮譽金獎。酒莊主人張忠楠先生來自台灣，短短十多年間已將鷺島酒莊成功經營為知名葡萄酒品牌，堪稱是加拿大的台灣之光。

DATA

✉ 16880 Westminster Hwy, Richmond, BC V6V 1A8 ☎ (604)232-9839 ⌚ 週一～日 10:00 ～ 18:30 💲 免費 ➡ 搭乘公車 #41 在 Westminster Hwy FS Kartner Road 站下車 🌐 www.luluislandwinery.com

百年漁港推薦：Steveston Fisher's Wharf(參見 P.201)

上飛機前最好逛的血拼商場
列治文購物中心 Richmond Centre

以商場面積來比較，列治文購物中在大溫地區排名第二。位於列治文市中心的心臟地帶，緊鄰市政府、市立醫院以及商業中心。SkyTrain Canada Line 的總站就在門口，眾多公車在此交會，是列治文交通轉運樞紐。商場內有 250 家店鋪、4 家百貨公司、5 家高檔餐廳，新裝修的美食街高挑氣派，你想得到的食衣住行育樂所有商品都可以在此買得到。如果你只剩半天就要前往機場趕飛機，只有 3 小時可以購物，建議前往列治文購物中心，不但可以一站購足，買完後直奔機場，15 分鐘後已經在航空公司櫃檯 Check in 了。

列治文購物中心內寬敞舒適的購物空間

DATA

✉ 6551 No.3 Road, Richmond, BC V6Y 2B6 ☎ (604)713-7467 ⌚ 週一～二、週六 09:30 ～ 19:00，週三～五 09:30 ～ 21:00，週日 11:00 ～ 18:00 ➡ 搭乘 SkyTrain Canada Line，在終點站 Richmond-Brighouse 站下車 🌐 www.cfshops.com/richmond-centre.html

麥克阿瑟格林名品暢貨中心
麥克阿瑟格林奧特萊斯
McArthurGlen Designer Outlets

機場旁邊的 McArthurGlen Designer Outlets 於 2015 年 7 月正式開幕，除了讓大溫地區民眾多了逛街購物的休閒之處，也提供進出機場旅客更便捷的購物據點。

該暢貨中心是溫哥華機場與歐洲百貨公司 McArthurGlen 集團共同開發。備有 2,000 個停車位，除了自行開車，搭乘地鐵出站後 3 分鐘即步行即可到達。對於搭機、轉機的外地旅客，可免費從機場搭 Canada Line 前來。時間不多的過境旅客，也可以直接在購物中心安排當地的市區旅遊，一兼二顧，觀光兼購物。

整個暢貨中心的建築風格有著濃烈的歐風，不論是法式宮廷、瑞士鄉村或是西班牙古堡，異國風格的建築棟棟相連，頗有歐洲小鎮的情趣。逛累了，坐在廣場中央有著歐洲街頭咖啡館味道的 Caffe' Artigiano 享用一杯香濃咖啡，用免費 Wi-Fi 看看新聞、滑滑手機。

因為機場近在咫尺，又在航道下方，幾乎每 2 分鐘就有一架飛機低空掠過頭頂，刺激又撼人心弦，絕對是其他暢貨中心所沒有的特色！

原住民木雕藝術在每一個角落，是溫哥華國際機場的特色

溫哥華國際機場的名品暢貨中心大門

新開張的名牌鞋店 Jimmy Choo 前大排長龍

DATA

✉ 1000-7899 Templeton Station Road, Richmond, BC V7B 0B7 ☎ (604)231-5525 🕐 週一～六 10:00～21:00，週日 10:00～19:00 ➡ 搭乘 SkyTrain Canada Line，在 Templeton Station 站下車，步行 3 分鐘 🔗 https://bit.ly/30Y7OWq

賞海鮮、吹海風的百年漁港
史提夫斯頓漁人碼頭
Steveston Fisher's Wharf

距離溫哥華市中心 30 分鐘車程的史提夫斯頓漁村 (Steveston Historic Fishing Village)，1878 年時而一位名為 Manoah Steves 的男子攜家帶眷抵達此地，開創奶牛飼養場維生。子裔在此繁衍壯大，這塊土地便以其姓氏命名。

1890 年代，菲沙河的鮭魚製罐廠陸續在此落籍，開啟了史提夫斯頓繁榮之路。19 世紀末大量日本移民群聚於此，帶來鯉魚飄以及和食風，添加了異國的風情。舊時鮭魚罐頭工廠 (Gulf of Georgia Cannery) 早已停工，以博物館的樣貌面市，讓旅客了解當年手工製造鮭魚罐頭的流程，原來百年前加拿大的鮭魚罐頭產業如此蓬勃，曾外銷遠至夏威夷、亞洲甚至蘇聯等國家。

每到週末假日，漁人們把捕魚船停靠在碼頭上，一艘接一艘，當場打開冷藏庫，船邊擺陣開來就地叫賣。甜蝦、鮭魚、比目魚、石斑等繽紛入列，不僅新鮮，價格更是比超市低上一截。

穿過這個拱門就走進漁獲交易的碼頭甲板

史提夫斯頓博物館百年前原為老銀行的小屋，現已改為郵局、遊客資訊中心和博物館 (Steveston Museum) 的複合式空間，陳列當年銀行的格局和辦公文具，樓上則是還原行長的家庭生活，小女孩愛不釋手的手製洋娃娃、老媽媽古董級的廚房……讓人穿梭歷史，發思古之幽情。

喜歡動態的活動，出海賞鯨是好選擇。跳上賞鯨船，乘風破浪出海，殺人鯨和海豹正在外海等著你欣賞。

在碼頭停靠的小船上採買海鮮

史提夫斯頓博物館

ⓓⒶⓣⒶ

✉ Bayview Street, Richmond, BC

➡ 搭乘公車 #402 #C93 在 Moncton Street 路上的 No. 1 Road 站下車，向前經過 No.1 Road 即進入漁人碼頭街區

🌐 www.stevestonivillage.com

甲板上的薯條炸魚餐
Pajo's

1985 年，兩位女士 Patricia 和 Joan 決定要販售加拿大西岸最好吃的炸魚片，取兩人名字作為餐廳名字，在史提夫斯頓的漁人碼頭開設了第一家 Pajo's。30 年來，這家餐廳闖出了名號，成為漁人碼頭的觀光景點，在大溫地區一共開出 4 家分店。

餐廳木屋坐落在海面的木製甲板上。菜單上有鮭魚、鱈魚或是大比目魚 3 種可挑選，都是來自當天漁市。外皮酥脆，魚肉鮮嫩；濃滑的塔塔醬增添風味。享用時記得顧好盤中飧，別被在天空覬覦的海鷗給偷吃了。

炸魚放在以紙做碗，可以吸取多餘油脂，下端尖角穩當地插在桌上圓洞上

D A T A • • • • • • • • • • •

✉ 12351 3 Avenue, Richmond, BC V7E 2Z1 📞 (604)272-1588 🕐 週一～日 11:00 ～ 19:00 💲 約 $10 ～ 20 ／人 ➡ 搭乘公車 #401 #407 #410 在 Chatham Street 上的 4 Avenue 站下車，前行至 Chatham Street 右轉，直行至路底碼頭即抵達 http www.pajos.com

超過 100 種搭配的湯麵
鹿園魚湯米線
Deer Garden Signatures

「魚湯百搭麵」這樣的港式吃法在溫哥華十分盛行，不少餐廳都打著百搭麵名號，開山祖師是鹿園餐廳。所謂百搭麵就是任由客人選擇湯底、麵種、配料以及蔥薑蒜等調味料。以密密麻麻菜單上的選項來看，根本超過 100 種搭配方式！湯底雖然有不同選擇，卻都是以魚肉和魚骨熬製，味道鮮美無比。本餐廳另一個特點：分量極大，一碗湯麵堪夠兩位成年女性分食。難怪中午用餐時分，總得等上個 20 分鐘才能入座大快朵頤一番。

鹿園魚湯米線，每碗分量超大

D A T A • • • • • • • • • • •

✉ 8580 Alexandra Road, Richmond, BC V6X 4B3 📞 (604)278-9229 🕐 週一～日 11:00 ～ 23:00 💲 約 $10 ／人 ➡ 搭乘公車 #405 在 Alderbridge Way 路上的 Kwantlen Street 站下車，回頭走在 Kwantlen Street 右轉，直行至 Alexandra Road 再右轉，餐廳在右手邊威尼斯中心商場 2 樓 http deergarden.ca

連續三年獲專業食評人燒味首獎
明家燒臘 HK B.B.Q. Master

窩居在大賣場 1 樓停車場不甚明亮的角落，永遠都有人等著進入明家燒臘用餐。這家廣式燒臘餐廳的燒肉遠近馳名，皮脆肉香，肥瘦均勻；叉燒則是使用上等豬肩肉，搭配獨家南乳醬和玫瑰酒醃製，每天新鮮現烤，肉厚而不柴，味香且甜鹹恰到好處，無怪乎連續 3 年獲得溫哥華「首本名菜中國食肆大獎」的食評人燒味大獎。該店僅此一家，絕無分號，廣式燒臘愛好者可別跑錯家。

明家燒臘：停車場的美食餐廳

DATA
✉ 4651 No 3 Road, Richmond, BC V6X 2C4 ☎ (604)272-6568 🕐 週四～二 11:00 ～ 20:00 休 週三 💲 約 $10 ／人 ➡ 搭乘公車 #403 #410 在 No. 3 Road 上的 Leslie Road 站下車，往回走在 Leslie Road 右轉，餐廳在 Super Store 賣場 1 樓停車場 http www.facebook.com/hkBbqMaster

香辣火烤兩相宜
木屋碳烤 Happy Tree House BBQ Richmond

鮮蝦串被炸得酥脆，連殼帶頭咀嚼下肚

以香辣見長的川味近年來在溫哥華的中式餐飲圈蔚為流行，其中烤魚與中國北方碳烤的結合是最火紅的吃法。木屋碳烤集兩者之長，提供寬敞明亮的空間，甫上市沒多久就成為人氣餐廳第一名，一口氣開了兩家分店。

走進任何一家木屋碳烤，原木裝潢和桌椅還原了北方烤肉的氛圍。川式烤魚帶著紅油辣湯，整條魚與辣椒、蒜頭、鹹菜在湯汁中滾燙，說是烤魚，更像北方水煮魚。雞豬牛羊肉以木串串起，大把上桌，色香味俱全。麻辣小龍蝦更是人氣餐點，紅通通的辣椒與赤艷小龍蝦紅成一片，在食客的酒酣耳熱間一掃而空。

DATA
✉ 8171 Alexandra Rd #105, Richmond, BC V6X 3W5 ☎ (778) 297-1386 🕐 週一～日 16:30 ～ 02:00 💲 約 $30 ～ 40 ／人 ➡ 搭乘 SkyTrain Canada Line 在 Lansdowne 站下車，沿 No. 3 Road 北行，至 Alexandra Road 左轉，餐廳在 Hazelbridge Way 轉角 http bit.ly/2kgxsX8

近郊旅行

菲沙河從卑詩省內陸高聳的雪山上一路蜿蜒，向西流入太平洋。河流所經之處，生態更豐富了，人文更精采。揹起小行囊，一起去看每年迴游的鮭魚、蔓越莓聞名的小鎮、雪山下的鬱金香田和高山纜車吧！

登海天纜車，
笑看豪灣與酋長岩

史夸密須 ★★★

從溫哥華市區出發，往北部的滑雪勝地惠斯勒 (Whistler) 方向，將會行經海天公路，那是連接馬蹄灣、史夸密須鎮等地的要道，也是壯麗無比的景觀公路。

史夸密須鎮有 4 絕：全世界第二大單一岩石山——酋長岩 (Stawamus Chief)、內海豪灣 (Howe Sound) 壯闊海灣，以及白頭鷹的故鄉。這三絕每年吸引大量的遊客前來朝聖；2014 年時落成啟用的海天纜車 (Sea-to-Sky Gondola) 用，更成為天然勝景以外的第四絕。

一個纜車車箱可容 8 人，空透的氣窗設計，讓人一上車就感覺涼颼颼。纜車鋼索從豪灣旁的平地拔起，越過層層山巒，直達海拔 886 公尺山巔的終點站。搭乘全程約莫 10 分鐘，豪灣的秀麗、酋長岩的壯闊，在逐步攀高的過程一覽無遺。

抵達山頂纜車站後，木造建築「峰頂小屋」(Summit Lodge) 靜候遊客的到來。穿過大片落地玻璃的 Summit Restaurant 餐廳，走到戶外的用餐區，豪灣的山海景致直衝你眼前。

Sky Pilot Suspension Bridge 懸在 2 個小山巒間，以優雅姿態凌空勾勒出微笑弧線。不過百來公尺，即便你沒有懼高症，也得提著心、吊著膽小碎步橫越。吊橋的盡頭是個景觀台，在平台回頭望峰頂小屋以及其下的豪灣，海、天、山、人一色，該是整個行程最值得狂按快門的景色。

環著山頂餐廳，6 條登山步道如輻射般四射散開。不可錯過的是 Spirit Trail，約莫 20 分鐘就可以走完步道，從懸崖延伸出去的小小觀景台，擁有 270 度的絕佳視野。

旅遊資訊

海天纜車 Sea-to-Sky Gondola
✉ 6800 Highway 99 Squamish, BC V8B 0B6 ☎ (604) 892-2550 ⓒ 夏季週一～五 10:00 ～ 18:00，週六～日 10:00 ～ 20:00。秋季週一～週日 09:30 ～ 17:00。冬季 週一～日 10:00~17:00 ⓗ 11 月至春季關閉進行設備維修 $ 成人 (19 歲以上) $47.95，老人 (65 歲以上) $43.95，青少年 (13 ～ 18 歲) $29.95，兒童 (6 ～ 12 歲) $19.95，家庭套票 (大人 2 位 +18 歲以下 2 位) $115.95，5 歲以下幼兒免費；上網預購門票享減價優惠 ⓗⓣⓣⓟ www.seatoskygondola.com

菲沙河谷 ★★★ 雪山下的鬱金香花海

遠處高聳入雲的山峰，白雪如龍爪般沿著山谷急撲而下；近景筆直林木羅列，曠野披上五顏六色的織錦，在大地上耀眼著，與高山的白雪遙遙相輝映。這裡是加拿大卑詩省內陸，菲沙河谷的鬱金香田。

全世界多達2,000種的鬱金香品種

一講到鬱金香，腦中自然浮現荷蘭。荷蘭和土耳其把鬱金香奉為國花；但據說鬱金香最早是源於地中海沿岸、西亞以及中國的天山山脈一代。藉由鄂圖曼土耳其帝國擴張，西元 16 世紀輾轉到歐洲，歐陸民眾驚為天人，尤以荷蘭人最瘋狂。

自此，鬱金香不斷被研製、栽培，目前全世界約莫有 2 千多鬱金香品種；每年仍然以十多個新品種誕生的速度增加。每年 4 月起，便是北美西岸的鬱金香賞花季。從 4 月初西雅圖開始，往北到加拿大卑詩省盛開，花季到 4 月下旬。

猶如絕美絲緞鬱金香田

菲沙河谷的鬱金香田位於雅嘉西地區，山谷狹長肥沃的原野，每年鮭魚洄游的菲沙河流經，高海拔的 Mount Cheam 山環伺，景色壯麗，且距離溫哥華市也只有 2 小時的車程。

如果從高空俯瞰，山谷間鮮豔分明的花田一如織錦，沿著些微起伏的平原紡就一匹絕美的絲緞。近距離端詳每一朵花色及紋路，果然一花一世界；在花田四周不同方位遠眺，花海顏色縱橫變換，風味各異。

旅遊資訊

奇里瓦克鬱金香節
Chilliwack Tulip Festival
✉ 41310 Yale Road, Chilliwack, BC V2R 4J3 🕐 4/19 ～ 5/1 週一～五 10:00 ～ 19:00，週六～日 09:00 ～ 19:00 💲 成人 (19 歲以上) $10，老人 (65 歲以上)、青少年 (6 ～ 16 歲) $7，5 歲以下兒童免費，家庭套票 (大人 2 位＋ 18 歲以下 2 ～ 3 位) $34，週間門票享減價優惠 📶 chilliwacktulipfest.com

參加賞花旅行團
如果不自行開車前往，可以選擇參加當地的旅行團當天來回前往賞花。建議出發前3天連繫當地旅行社確認出團行程。票價：約 $30，小費 $7 ～ 8 另計。
旅行社：參見 P.214 開車自駕遊 V.S.參加旅行團

菲沙河谷 ★★★

百萬條紅鮭魚大洄游的自然奇景

全球鮭魚洄游 (Salmon Run) 僅在北歐挪威、冰島，北美的阿拉斯加和加拿大西岸可見。卑詩省的菲沙河，就是加拿大西岸鮭魚洄游的主要舞台；而亞當河 (Adam River) 則是這場生死戲碼的高潮所在。每年9月中到10月底是鮭魚洄游的旺季，但真正大洄游 (Dominant year) 卻是依循鮭魚一生4年的輪迴 (出生→孵化後回到海洋→成長→洄游出生地) 在大自然上演。

亞當河畔為鮭魚洄游最終站

從溫哥華駕車出發，沿著1號公路東行，穿過海岸山脈，進入卑詩省內陸山區，經過鮭魚灣 (Salmon Arm) 小鎮，約莫4個半小時後即可抵達亞當河畔的羅海布朗省立公園 (Roderick-Brown Provincial Park)。此處鮭魚洄游最終站，是觀賞鮭魚洄游最佳地點，也是舉辦每4年一次的「鮭魚禮讚」(Salute to the Sockeye) 慶典的所在，活動包含了鮭魚講座、生態展、雕塑繪畫展、音樂會，為大自然生生不息增添些人文的趣味。

10月初為鮭魚交配階段

10月初的加拿大內陸秋意已濃，林相蕭瑟，淙淙溪水聲裡偶爾夾雜潑水聲，紅綠相雜的魚身在陽光下水波裡翻滾。此時為交配階段，鮭魚大多兩兩相近，一公一母在水裡並肩順游，並肩達成此行任務。身軀在漫長的旅途中傷痕累累；體力幾乎耗盡，大多時間在水流平緩處緩緩游動。

能完成洄游只有兩千分之一的機率

現場的解說員詳細為遊客們解釋：成年鮭魚自太平洋的河口游入，穿過人類住宅區、森林水域、掠食動物行經的淺灘區，3個月不吃不喝歷經800公里的水路，抵達當年孵育地時已是遍體鱗傷。每條母鮭約莫產下4,000顆魚卵，其中絕大部分被同類或是飛鳥啄食，僅有800條幼魚會孵化。成功游回大海者只有200條；4年後能倖存開始向河川出發者只剩10條。這10條在洄游過程將被老鷹、熊或人類捕食，最後真正能抵達出

生地只剩 2 條，成功達陣的機率只有 1/2,000。

天下父母心的生命傳承

回到出生地的鮭全身蛋白質耗盡，魚身體轉為鮮紅色。一旦產卵授精任務結束，公母鮭魚雙雙力竭而亡。走入河中的沙洲就近觀魚，卻傳來陣陣屍臭。河水淺處游移的鮭魚群身邊，漂浮著一條條翻肚的魚屍，場景怵目驚心。魚屍在水中被微生物分解食用，而微生物正是下一代幼魚的食物。化作春泥更護花，鮭魚父母在死後換了個型式養育子女。這場史詩般的生命傳承驚天動地進行著，卻又是如此無聲低調。

玩 ｜ 樂 ｜ 小 ｜ 撇 ｜ 步

參加當地鮭魚洄游旅行團

如果不自行開車前往，可以選擇參加當地的旅行團前往觀賞鮭魚洄游。建議出發前 5 天連繫旅行社報名出團行程。

旅費：2 天 1 夜行程約莫加幣 $150 ／人，小費 $7 ～ 8 ／天另計。

旅行社：參見 P.214 開車自駕遊 V.S. 參加旅行團

已到生命終點的鮭魚身體轉為赤紅

旅遊資訊

觀賞鮭魚洄游景點

鮭魚灣 Salmon Arm (羅德瑞克公園 Roderick Haig-Brown Park)

✉ 2300 Squilax-Anglemont Rd, Chase, BC V0E 1M0 ☎ (250)320-9305

🌐 www.salmonsociety.com

威化溪鮭魚孵育運河 Weaver Creek Spawning Channel

✉ 16250 Morris Valley Road, Agassiz, BC V0M 1A1 ☎ (604)796-3186

🌐 www.pac.dfo-mpo.gc.ca/sep-pmvs/projects-projets/weaver/weaver-eng.html

黃金溪省立公園 Goldstream Provincial Park

✉ 2930 Trans Canada Highway RR# 6, Victoria, BC V9B 5T9 ☎ (250)478-9414

🌐 www.goldstreampark.com

指引牌，提醒可能有熊隻出沒

菲沙河谷 ★★★

飄著蔓越莓香的
蘭里堡

蘭里堡 (Fort Langley) 是卑詩省的誕生地，也是卑詩省第一個省政府所在地。緊鄰菲沙河駕車由溫哥華向東行，約莫 1 個小時即可到達。由 2 條街道組成的小鎮，麻雀雖小，五臟俱全，更是歷史名鎮。1827 年哈德遜海灣公司 (Hudson's Bay Co.)，在此起造貿易站，以菲沙河運送物資。自此之後淘金客、皮毛貿易商賈、獵戶、鐵路工人等往來穿梭，絡繹不絕，而蘭里堡小鎮特色景觀有四多。

一窺當地歷史的五大博物館

博物館多，當地古蹟的精華蒐羅在 5 個博物館：國家歷史展覽區還原了百多年前，先人開墾加拿大西岸的生活樣貌；農具博物館則是收藏了豐富的農耕機。卑詩省第一份官方文件簽屬的所在地是一棟兩層樓獨立屋，現已改成美術館。想一覽 150 年前原住民、華人和英國人如何文化融合，不妨參觀百年博物館；對古老火車有興趣者，CN 老車站就在市鎮一角。

超過10家的古物店，以主題式陳列

古物店多，小小城鎮，至少匯集了超過 10 家陳售舊物的店家。踏入不起眼的古物店，物件用「汗牛充棟」來形容絕不為過。以主題區分區域，舊物分門別類擺放：30 年前的銅立燈、40 年前的可口可樂玻璃瓶、50 年前的燒炭熨斗等狀況都十分良好，待價而沽。

琳瑯滿目的糖果和巧克力

糖果店多，整個蘭里堡不過百來家商店，糖果就多達十來家，不免擔心此小鎮的牙醫數量是否足夠。各式顏色、軟的硬的長的扁的酸的甜的糖果或是巧克力擺滿牆上貨架。

品茶喝咖啡的午後時光

咖啡館多，在結合書店和咖啡館的 Wendel's Books 買本書、買杯拿鐵在戶外座位區曬太陽。古色古香的老房子茶屋 (Little White House) 的英式下午茶，是和朋友喝茶閒聊的好地方。咖啡豆專賣店 (Republica Coffee

Roasters)，在店內烘培咖啡豆，味道合口就買幾磅回家。

各式蔓越莓相關農產品

蘭里堡的農產品蔓越莓可是遠近馳名，每年 10 月下旬舉辦的蔓越莓節，吸引成千上萬觀光客；就連果汁大廠歐鮮沛都從此處購進新鮮蔓越莓。Cranberries Naturally 這家漆成酒紅色的小店專賣蔓越莓相關商品：果乾、沙拉醬、巧克力、糖果、酒醋等，整家店充滿酸酸甜甜的滋味。

旅遊資訊

國家歷史展覽區
National Historic Site
✉ 23433 Mavis Avenue, Langley, BC
V1M 2R5 ☎ (604)513-4777 🌐 www.
pc.gc.ca/eng/lhn-nhs/bc/langley/index.
aspx

農具博物館 Farm Museum
✉ 9131 King Street, Fort Langley, BC
☎ (604)888-2273 🌐 bcfma.com

卑詩省誕生地美術館
BC Birth Place Gallery
✉ 9054 Glover Road, Fort Langley, BC
V1M 2S2 ☎ (604)882-1191
🌐 birthplaceofbcgallery.wordpress.com

百年博物館 Langley Centennial
Museum & Exhibition Centre
✉ 9135 King Street, Fort Langley, BC
V1M 2S2 ☎ (604)532-3536
🌐 museum.tol.ca

蘭里堡蔓越莓嘉年華 Fort Langley
Cranberry Festival
✉ Glover Road and Mary Avenue, Fort
Langley 🕐 每年 10 月初
🌐 www.fortlangley.com

玩 | 樂 | 小 | 撇 | 步

國慶日有各種活動，千萬別錯過

每年 7 月 1 日加拿大國慶當天，國家歷史展覽區免費開放，同時舉辦肅穆的升旗儀式。活動最高潮是分食加拿大國旗造型的巨無霸蛋糕！穿著傳統服飾的少女切分蛋糕，見者有份，遊客們無不吃得笑呵呵。

遊客高興地分食國慶蛋糕

在蔓越莓節熱銷的新鮮蔓越莓

古物店裡可口可樂的懷舊商品十分齊全

行程規畫

如果想把溫哥華裡外仔細看過一遍，至少得花上 4 天；希望多造訪周邊的城市或景點，例如溫哥華島、洛磯山脈或是美國西雅圖，行程安排緊湊一點，5 天勉強可以成行。如果能預留 8 天，足跡可以遠至波特蘭，甚至洛杉磯和舊金山。

深度體驗4日行程

Day 1

培養藝術氣質

　　以格蘭佛島、溫哥華西區的基斯藍諾區和UBC為主。格蘭佛島的藝術家小鋪和West 4th Avenue上的咖啡香和特色商店可千萬不要錯過。

● **格蘭佛島** (P.132)
行程重點：公眾市場、水泥廠、水上浮屋、啤酒餐廳

● **UBC** (P.160)
行程重點：人類學博物館、沉船天體海灘、UBC校園、UBC植物園

● **基斯藍諾區** (P.152)
行程重點：基斯藍諾海灘、凡尼爾公園、西四街商圈、溫哥華博物館

格蘭佛島的公眾市場

Tony's Oyster、Boathouse Restaurant at Kits Beach、Fable Kitchen、49th Parellel Coffee Roasters　**餐飲建議**

Day 2
賞日景、海景

溫哥華市中心和西尾區是今天的重頭戲。暢遊了最熱鬧的市中心，轉往史丹利公園，從遠距離欣賞溫哥華市中心的天際線。

● 溫哥華市中心 (P.82)

行程重點：溫哥華美術館、加拿大廣場、奧運聖火台、溫哥華市立圖書館、太平洋購物中心、羅伯森街

● 西尾區 (P.96)

行程重點：英吉利海灣、大衛街 (同志街)

● 史丹利公園 (P.126)

行程重點：圖騰柱公園、溫哥華水族館、展望點、第三號海灘、環島步道

> Medina Café、Teahouse at Stanley Park、Cactus Club at English Bay、Japadog、新瑞華海鮮餐廳 **餐飲建議**

Day 3
探索懷舊街區

今天的行程是古今中外懷舊之旅，從古老的街區也會驚奇地發現新事物，煤氣鎮周邊的甜甜圈店和咖啡館遠近馳名。

● 煤氣鎮 (P.102)

行程重點：蒸汽鐘、楓樹廣場、蓋仙傑克雕像

● 唐人街 (P.110)

行程重點：千禧門、中山公園、周永職燕梳寫字樓

● 耶魯鎮 (P.118)

行程重點：蒸汽火車展館及扇形轉車台廣場、舊時火車倉庫區

● 奧運村 (P.170)

行程重點：溫哥華科學館、The Birds 雕塑、福溪南岸步道

> 金邊小館、Meat & Bread、Rodney's Oyster House、Revolver Coffee、Cartems Donuterie

Day 4
百貨購物趣

前往溫哥華周邊城市逛逛。北岸城市的山明水秀、南方列治文的漁人碼頭，有自然風光也有人文景致。離開溫哥華前，到機場旁邊的名品暢貨中心購物，好好犒賞自己一番！

● 北岸都市 (P.182)

行程重點：卡佩藍諾吊橋公園、深灣、藍斯岱爾碼頭公眾市場

● 列治文 (P.196)

行程重點：史提夫斯頓漁人碼頭、列治文購物中心、溫哥華機場名品暢貨中心

溫哥華機場名品暢貨中心

> Tomahawk Restaurant、鹿園魚湯米線、明家燒臘 **餐飲建議**

開車自駕遊VS.參加旅行團

開車自駕遊

溫哥華市區並不大，治安堪稱良好。若是只是在城市裡購物、吃美食、欣賞都會美景，用步行來了解這個城市是個好方法。走累了，跳上公車，轉搭 SkyTrain，就能輕易地到達較遠的目的地。不過如果想更有效率安排行程，或是造訪一些交通不方便的景點時，開車自駕遊是最好的方法。

取得旅遊資訊

卑詩省和溫哥華旅遊局提供了十分詳盡的旅遊資料，以城市別或是觀光景點分區發行刊物或地圖。這類的資訊在機場、BC 渡輪、旅遊局服務中心和溫哥華各大旅遊景點都可取得。

租車

與台灣相比，在溫哥華租車的費用並不高，知名的國際租車公司在機場或是市中心都設有據點，租還車十分方便。租車時必須同時出示台灣駕照以及國際駕照；建議在出發前就先上網完成租借預訂，除了省下一大筆費用，也避免當場無車可租。路上一旦發生交通事故，不論是車輛或是人身醫療的費用都是一大筆金額，因此行車保險絕對不可少。

停車以及停車費

除非是汽車旅館或郊區的飯店，一般溫哥華市的飯店不提供免費的停車服務。停車費須外加於住宿費之外，或付費停在飯店合作的停車場。路邊的停車碼表計時方式是上午 7 點到晚上 10 點，停車費依路段商圈不同。

在非商業區或是住宅區通常可以免費路邊停車。但每個區域的停車規定不同，常有限時或是限定僅該區住戶能夠停車。停車前需辨別路邊指示牌的規定，如果誤停有可能會被開罰單。

加油以及油費

與美國或是加拿大其他城市相比，溫哥華的汽油價格十分昂貴。一日之內汽油價格因時間調整，通常過了下午 4 點之後油價最便宜。幾乎所有的加油站都採自助加油 (Self Service)，部分城市 (如列治文) 則規定加油站須由員工提供加油服務 (Full Service)。

參加旅行團

如果你不想開車，也不想費心規畫行程，參加當地的旅行團是最方便的選擇。旅行團通常是針對熱門的景點，或是特殊季節節慶而規畫

行程。時間從 1 到 8 天不等；地點從溫哥華城市遊、滑雪團、西雅圖、波特蘭，甚至美國西岸、加東或美東等都是熱門路線。不少遊客以溫哥華作為北美出發點，當地城市遊之繼續前往美國、加拿大或是阿拉斯加郵輪等行程。

旅行公司安排行程

不論是華人或洋人的旅遊市場，溫哥華當地的旅行團大多由大型旅行公司掌握主導權，負責行程規畫和出團。街邊或是商場裡的小旅行社負責接受遊客報名，再交由大型旅社出團，因此市面上各旅遊行程和價格差異不大，遊客不需多花時間比較各家行程。

出發前3～4天報名

一般參加團體旅遊的報名於出發 4～6 天前報名。若是參加外國人的旅遊團，導遊以英語解說為主；華人的旅行團通常會以國語和粵語雙語解說，若有非華裔旅客參加，將再加上英語解說。

團費僅含交通和住宿

旅行團團費包含地面交通和住宿費用。導遊司機小費 (加幣 $10～12／天)、到達集合地的空中交通費、三餐費用、景點門票、旅遊保險、稅金都不包含在團費之內，這是和台灣或是亞洲旅行團最大不同之處，有意參加當地旅行團的旅客須先做好預算規畫。

旅遊資訊

溫哥華主要租車公司
Alamo
☎ (877)222-9075　http www.alamo.ca
Avis
☎ (800)230-4898　http www.avis.ca
Budget
☎ (800)268-8900　http www.budget.ca
Hertz
☎ (800)654-3131　http www.hertz.ca
National
☎ (800)227-7368　http www.nationalcar.ca

溫哥華當地主要的旅遊公司
雄獅旅遊 (加拿大) http ca.liontravel.com
美亞假期 http www.supervacation.ca
甜蜜假期 http honeyholidays.ca
夢幻假期 http www.1stexpress.com
皇室假期 http www.grandvacation.ca
Flight Centre http www.flightcentre.ca
Expedia Cruise Ship Centers
http www.cruiseshipcenters.com/en-CA

市區周遊巴士

想一天之內盡覽溫市景點，市區周遊巴士 (Hop-on, Hop-off Bus) 是不想開車也對參加旅行團沒興趣的旅人的好選擇。買了票，48 小時之內，兩條不同的路線，全市 30 個景點隨時上下車，參觀哪些景點、停留時間長短，任君選擇。

Westcoast Sightseeing
☎ (877)451-1777　$ 成人 (13歲以上) $47，兒童 (3~12 歲)$30
http westcoastsightseeing.com

停靠在唐人街等待客人上下車的 Vancouver Trolley 周遊公車

基本生活資訊

氣候

整體來說，溫哥華屬於溫帶海洋型氣候，與相同緯度的城市相比，具有四季宜人的優越氣候。受到河流環繞及環太平洋氣候的影響，溫哥華季節分明但氣溫差異適中。夏季少雨，涼爽溫和，平均氣溫在 20 度左右，但日夜溫差大，來自亞熱帶的旅客建議隨身攜帶薄外套禦寒。冬季濕冷，雨量多，下雪的機率不高，溫度在 0 度上下。

時區

溫哥華屬於太平洋時區 (Pacific Time，USA & Canada)，夏季日光節約時間 (每年 4 月第一個星期日凌晨 2 點開始) 比台灣慢 15 小時；冬季時間 (每年 11 月第一個星期日凌晨 2 點開始) 比台灣慢 16 小時。

語言

官方語言：英語、法語，但英語還是溫哥華主要的通行語言。華人僑界使用粵語、普通話和台語為主。

簽證

台灣是屬於加拿大免簽證可入境的國家，凡持中華民國台灣護照的遊客，進都可享免簽證停留 180 天。不過，自 2016 年 3 月 15 日起，加拿大移民局規定原免簽國 (含中華民國台灣) 入境加拿大旅遊前，需先上網申請 eTA(電子旅行許可證)，以接受當局預先篩選，准許是否可入境。每次需加幣 $7，有效期限為 5 年。加拿大移民局 eTA 說明網站：canada.ca/eTA。

雖然自加拿大經由陸路進入美國可以免簽證，但仍建議上網申請網路簽證，並準備旅行資料 (飯店地址電話、行程計畫、來回機票、足夠旅費和信用卡等財物證明) 以備海關不時的查證。

電話通訊

加拿大國碼為 1，溫哥華市內區碼為 604、778 或 236。

台灣撥打溫哥華：002+1+ 區碼 + 電話號碼；溫哥華撥打台灣：011+886+ (區域號碼去掉 0) 電話號碼。

遊客原居地的電話號碼可撥打加拿大各地電話，但漫遊費用不便宜，請事先查詢當地通訊業者的費率。加拿大商家、餐飲業、公共服務單位大多提供免費 Wi-Fi 服務，建議持智慧型手機的遊客上網後多使用 Line、WeChat、Skype、Face Time 等網路通訊 App 溝通，以節省通話費。

電壓規格

與台灣相同，為 110 伏特、電流週期為 60Hz。插座形式與台灣相同，無須另外攜帶轉變壓器或換插頭。

公共廁所

缺乏公共洗手間，是溫哥華最被詬病的缺點之一。地鐵站、街頭都

沒有公共廁所，只有百貨商場、重要的觀光景點才會設置。餐飲店的廁所也僅供消費的顧客使用。

溫哥華住宿

作為一個國際都市，溫哥華提供了從低價到近乎奢華的住宿選擇給前來的旅客。一般而言，飯店可分為 4 個等級：平價 ($100 以下)、經濟 ($100 ～ 175)、豪華 ($175 ～ 250)、精品 ($250 以上)。市中心的加拿大廣場鄰近大部分的觀光重要景點，方圓 3 公里內聚集了超過 20 多家等級不同的飯店。離開溫哥華市，每個城市也都有為數不少的飯店，但皆屬於中高價位的檔次。

夏季是溫哥華的旅遊旺季，房價往往較其他季節高出五成以上，十分驚人。除了飯店，民宿也是極好的選擇。政府登記有案的 B&B 大多有提供早餐，與民宿主人一起聊天、享用早餐，是融入在地人生活的好方式；透過訂房網站往往可以訂到便宜又具特色的民宿，但有時實際與網站有落差，且安全性風險較高，旅客得多加注意。

精選飯店

Westcoast Sightseeing
✉ 900 W Georgia St, Vancouver, BC V6C 2W6 http www.fairmont.com/hotel-vancouver

Four Seasons Hotel Vancouver
✉ 791 W Georgia St, Vancouver, BC V6C 2T4 http www.fourseasons.com/vancouver

Pan Pacific Hotel Vancouver
✉ 300 - 999 Canada Place, Vancouver, BC V6C 3B5 http www.panpacific.com/en/hotels-resorts/canada/vancouver.htm

豪華飯店

Opus Hotel Vancouver
✉ 322 Davie St, Vancouver, BC V6B 5Z6 http vancouver.opushotel.com

Hyatt Regency
✉ 655 Burrard St, Vancouver, BC V6C 2R7 http vancouver.regency.hyatt.com

Sheraton Vancouver Wall Centre
✉ 1088 Burrard St, Vancouver, BC V6Z 2R9 http www.sheratonvancouver.com

經濟型飯店

Barclay Hotel
✉ 348 Robson St, Vancouver, BC V6E 1C5 http barclayhotel.com

Sylvia Hotel
✉ 1154 Gilford St, Vancouver, BC V6G 2P6 http sylviahotel.com

全市最氣派的 Fairmont Hotel

溫哥華君悅飯店緊鄰賞櫻景點

217

Days Inn Vancouver Downtown
✉ 921 W Pender St, Vancouver, BC
V6C 1M25 🌐 www.daysinn.com

平價飯店

YWCA Hotel
✉ 733 Beatty St, Vancouver, BC V6B
2M4 🌐 https://ywcavan.org/hotel

Hostelling International Vancouver Downtown
✉ 1025 Granville St, Vancouver, BC
V6Z 1L4 🌐 hihostels.ca

Moda Hotel
✉ 900 Seymour St, Vancouver, BC V6B
3L9 🌐 www.modahotel.ca

旅遊保險

在加拿大或美國旅遊，不論是生病或意外緊急醫療費用非常高昂，尤其急診、開刀等較為嚴重的醫療行為，通常收費台幣數十萬元，甚至高達百萬。建議在出國以前先購買足額的保險 (建議保障額度至少台幣 300 萬)，或是抵達溫哥華後務必要向當地保險公司購買旅遊意外 / 醫療險。

遊客服務中心

溫哥華旅遊局暨遊客中心 (Visitor Centre) 免費提供市區地圖、代訂飯店、文藝活動折扣票等服務。

✉ Suite 210 - 200 Burrard Street, Vancouver, BC V6C 3L6 (近 Cordova Street，位於 Canada Place 對面)
📞 (604)683-2000 🕐 週一～日 09:00 ～ 17:00，12/25 ～ 12/28、1/1 關閉不對外服務 @ traveltrade@tourismvancouver.com

國定假期

1 月 1 日	新年 New Year's Day
2 月第 2 個星期一	家庭日 BC Family Day
復活節前的星期五	耶穌受難日 Good Friday
復活節後的星期一	復活節星期一 Easter Monday
5 月 25 日之前的星期一	維多利亞日 Victoria Day
7 月 1 日	加拿大國慶日 Canada Day
8 月第 1 個星期一	卑詩省日 British Columbia Day
9 月第 1 個星期一	勞動節 Labour Day
10 月第 2 個星期一	感恩節 Thanksgiving
11 月 11 日	國殤紀念日 Remembrance Day
12 月 25 日	聖誕節 Christmas Day
12 月 26 日	節禮日 Boxing Day

消費購物

貨幣

加拿大幣與台幣匯率約為 1:25 (建議出發前請先上網查詢最新匯率資訊)。

刷卡

所有銀行金融機構與部分大型賣場皆有 ATM 可供提領現金，唯跨行提取現金手續費不低。絕大部分的飯店、商家和餐廳都收取信用卡或是銀行卡付帳。

服務費

餐飲：在加拿大用餐都有給服務員小費的習慣，表示對其的尊重與感謝。早、午餐一般是消費金額

稅前的10%～15%，晚餐則是15～20%。如果用餐人數過多(超過6或是8個人)，部分餐廳會主動加上較高額的18%服務費，簽單前最好先仔細確認，避免給予過高的服務費。

計程車：小費約10～15%，請依照路程遠近不同斟酌；通常不找零。

旅館：清潔服務費每晚$2～5；行李搬運一般給$2～5；客房送餐服務給餐費的15%；代客停車$5～10。

貨品銷售稅

在卑詩省購物及消費需額外支付聯邦銷售稅(GST)5%及省銷售稅(PST)7%。

航空交通

抵達溫哥華

從溫哥華國際機場

機場位於溫哥華市南方約13公里的列治文市。搭乘機場捷運SkyTrain Canada Line僅25分鐘即可達溫哥華市中心，視目的地的遠近，票價$3～$5.75不等外，另需付$5。搭乘計程車到市區約$25～40左右。

從溫哥華機場搭乘計程車到溫哥華都會區各城市及區域有固定車資，因目的地遠近而不同。

詳細車資地圖請參考www.yvr.ca/en/getting-to-from-yvr/taxis.aspx

太平洋中央車站

位於市區中國城旁邊的太平洋中

造型流線的 SkyTrain Canada Line 車廂

在 SkyTrain 車站的地圖指示牌

央車站是大部分橫跨加拿大或往來美國陸路的火車站，出站對街就是SkyTrain的Main Street Station，從這裡到市區只要5分鐘，票價$3。

從卑詩渡輪碼頭

搭船也可以抵達溫哥華。距離溫哥華市區最近的兩個渡口，一個是圖瓦森港口(Tsawwassen)；另一個是馬蹄灣。從這兩個港口到溫哥華市區有巴士可搭乘，開車則1個小時內可到達。

市區交通

步行

市區的路標標示清楚，以步行旅遊非常便利。加拿大非常重視行人路權，在沒有紅綠燈，但有行人標誌的路口，所有交通工具必需停車禮讓行人通過。

自行車

自行車是方便在溫哥華短程交通的工具之一。單車騎士的路權僅次於行人,汽機車都必須禮讓自行車。城市裡自行車專用道遍布,如果自己沒有單車,部分商圈或社區有腳踏車出租店提供租賃服務。

大眾運輸系統

大溫地區的大眾運輸系統是捷運(SkyTrain)、巴士和 Sea Bus 所串連起來的,提供市區與溫哥華周邊重要市鎮之間的交通,車票可以互通共用。因為僅有 3 條捷運路線,不夠密集,因此市區內巴士公車的接駁頻繁,堪稱便捷。

交通工具	票價	營運時間
Bus	一區: 成人 $3 ／儲值卡 $2.4 ／優待票 $1.95	• 約由上午 5 時至凌晨 1 時 30 分,可至 www.translink.ca 網站查詢最新資料
SkyTrain	二區: 成人 $4.25 ／儲值卡 $3.45 ／優待票 $2.95	• 持 Compass 捷運卡搭乘公車,不論路途遠近只需一區票價,但不含 SkyTrain 以及 Sea Bus
Sea Bus	三區: 成人 $5.75 ／儲值卡 $4.5 ／優待票 $3.95	
Day Pass	成人票: $10.5 優待票: $8.25	不分區域、不限次數,可當天任意搭乘公車、SkyTrain、Sea Bus

持 Compass 康百事儲值卡搭乘公車,只需上車刷卡;搭乘 SkyTrain 或 Sea Bus,則上下車／船都刷卡

溫哥華都會區的公車系統

SkyTrain 捷運站的入口

自駕

跟台灣一樣,加拿大車輛都是左駕,從機場到市區租車都十分方便。觀光客可持中華民國駕照及國際駕照在當地駕車,效期為 6 個月。租車者須年滿 21 歲,未滿 25 歲者保險費很高。租車公司只接受信用卡

刷卡付費，建議出發前事先在網路上完成車輛預訂。

　　加拿大新移民可持台灣駕照和國際駕照在當地駕車3個月。2015年6月起，持台灣駕照且開車年資滿5年者，可憑台灣汽車駕照更換卑詩省五級汽車駕照。

計程車

　　大溫地區的計程車不是路邊招手就有。一般在旅館、國際機場、長途巴士、火車站等地皆有計程車等候載客；但住家、景點或一般餐廳要搭乘計程車，需事先打電話預約。

　　計程車參考計價如下：計程起跳：$3.20，每公里：$1.85；計時每小時：$28.62(均不含稅)。塞車時當以計程方式計價對計程車較不利時，將自動改為計時制。付費方式：較大型公司以現金、信用卡付費均可。

大溫地區主要計程車公司

Yellow Cab	(604)681-1111
Black Top & Checker Cabs	(604)731-1111
Vancouver Taxi	(604)871-1111
Richmond Cabs	(604)272-1111

溫哥華都會區計程車

旅遊實用資訊

交通資訊網站

溫哥華國際機場：www.yvr.ca
卑詩省旅遊局：www.hellobc.com
加拿大海關：www.cbsa-asfc.gc.ca
大溫哥華運輸連線局：
www.translink.ca
VIA 火車：www.viarail.ca
卑詩渡輪：www.bcferries.com
灰狗巴士：www.greyhound.ca
電話黃頁：www.yellowpages.ca

重要景點皆有旅客資訊中心

常用電話

緊急求救：911
查號台：411
駐溫哥華台北經濟文化辦事處：
(604)689-4111，(604)377-8730
溫哥華旅客中心：(604)683-2000
公車查詢：(604)953-3333
卑詩渡輪查詢：1-250-386-3431

溫哥華旅遊黃頁簿 Travel Information

VIA RAIL 鐵路查詢：1-888-842-7245

溫哥華國際機場：(604) 207-7077

加拿大海關：1-800-461-9999，

1-204-983-3500 （加拿大以外）

卑詩省保險公司 (ICBC)

車禍理賠報案：(604) 520-8222

氣象資料查詢：(604) 664-9010

旅遊資訊網站

中文資訊

海馬老爸的溫市笑應

旅居溫哥華的部落客，提供許多私房景點和餐飲資訊，為華人旅遊溫哥華重要的參考資訊來源。

http myvanlife.com

加拿大駐台北貿易辦事處

加拿大政府為了促進與台灣文化與貿易交流所提供的網站。

http www.canada.org.tw

溫哥華旅遊局中文網站 (簡體)

溫哥華旅遊局官方網站中文版，專為華人旅行者設計。

http www.tourismvancouver.cn/blog

英文資訊

Inside Vancouver

提供旅客在溫哥華市的各種吃喝玩樂資訊。

http www.insidevancouver.ca

Vancouver Magazine

報導溫哥華城中飲食、時尚、活動大小事。

http vanmag.com

DailyHive Vancouver

溫哥華市生活資訊網站，提供全方位資訊，內容更新速度快。

http dailyhive.com/vancouver

Tourism Vancouver

溫哥華觀光旅遊局的官方網站。

http www.tourismvancouver.com

填線上回函，送 "好禮"

感謝你購買太雅旅遊書籍！填寫線上讀者回函，
好康多多，並可收到太雅電子報、新書及講座資訊。

每單數月抽10位，送珍藏版
「祝福徽章」

方法：掃QR Code，填寫線上讀者回函，
就有機會獲得珍藏版祝福徽章一份。

填修訂情報，就送精選
「好書一本」

方法：填寫線上讀者回函，並提供使用本
書後的修訂情報，經查證無誤，就送太雅
精選好書一本 (書單詳見回函網站)。

＊同時享有「好康1」的抽獎機會

溫哥華深度之旅
(附：溫哥華都會區‧維多利亞市)
(新第三版)

bit.ly/2XQGRnB

＊「好康1」及「好康2」的獲獎名單，我們會
　於每單數月的10日公布於太雅部落格與太
　雅愛看書粉絲團。

＊活動內容請依回函網站為準。太雅出版社保
　留活動修改、變更、終止之權利。

太雅部落格 http://taiya.morningstar.com.tw
　有行動力的旅行，從太雅出版社開始

23 發票登錄抽大獎

首獎 澳洲Pacsafe旅遊防盜背包

太雅 週年慶

凡於 **2020/1/1～5/31** 期間購買太雅旅遊書籍(不限品項及數量)
上網登錄發票，即可參加抽獎。

首獎
澳洲Pacsafe旅遊防盜背包 (28L)

RFID晶片
防側錄口袋

專利防盜鎖扣

2名

普獎
BASEUS防摔觸控靈敏之
手機防水袋

80名

顏色
隨機出貨

掃我進入活動頁面
或網址連結 **https://reurl.cc/1Q86aD**
活動時間：2020/01/01～2020/05/31
發票登入截止時間：2020/05/31 23:59
中獎名單公布日：2020/6/15

活動辦法

● 於活動期間內，購買太雅旅遊書籍(不限品項及數量)，憑該筆購買發票至太雅23周年活動網頁，填寫個人真實資料，並將購買發票和購買明細拍照上傳，即可參加抽獎。

● 每張發票號碼限登錄乙次，並獲得1次抽獎機會。

● 參與本抽獎之發票須為正本(不得為手開式發票)，且照片中的發票須可清楚辨識購買之太雅旅遊書，確實符合本活動設定之活動期間內，方可參加。

● 若發票存於電子載具，請務必於購買商品時，告知店家印出紙本發票及明細，以便拍照上傳。

＊主辦單位擁有活動最終決定權，如有變更，將公布於活動網頁、太雅部落格及「太雅愛看書」粉絲專頁，恕不另行通知。